LowFat 30
Backen

GABI SCHIERZ • GABI VALLENTHIN

LOWFAT 30 BACKEN

mit LOWFAT 30 mehr Genuss

Bassermann

Inhalt

Einleitung

Vorwort	6
Das ist LOW FETT 30	7
Denken Sie um!	8
LOW FETT 30 ist ausgewogen	10
Die 3 Regeln von LOW FETT 30	14
So klappt es bestimmt!	16
Starten Sie jetzt durch	18
Die LOW FETT 30-Backtipps	19
Hinweise zu den Rezepten	23

Rezepte

Auch zum Frühstück sehr lecker	24
Fürs kleine Kaffeekränzchen	40
Unsere Highlights: Muffins	60
Feines zum Verwöhnen	78
Weihnachtsbäckerei	96
Brot und herzhaftes Gebäck	112

Anhang

LOW FETT 30-Tabelle	130
Alphabetisches Rezeptverzeichnis	140
Rezeptverzeichnis nach Rubriken	142
Impressum	144

Vorwort

LOW FETT 30-Backen

Backen ist etwas ganz Feines: Erinnern Sie sich an die Duftschwaden, die am Wochenende aus der Küche Ihrer Mutter bis in die Diele strebten, an den Geruch von Weihnachtsplätzchen und Geburtstagskuchen? An Brot und Brötchen, an Pizza oder Hörnchen? Selbst eine Ladung Plätzchen, die dem „Gott der Holzkohle" geopfert wurde, hatte geruchsmäßig noch was zu bieten.
Wir sind gerne zum Bäcker gegangen (heute riecht kein Bäcker mehr so wie in unserer Kindheit), wir haben geschnuppert und uns gefreut und dann kamen wir in die Pubertät, wir wurden älter, wir bekamen zu viel Speck auf die Rippen und „ZACK" wurde aus der duftenden Welt der Backwaren die lodernde Hölle der Verführung. Die Welt der Figurkiller. Die Bedrohung aus Mehl, Zucker und Butter. Ab dieser Zeit brachten wir das Wort „Diät" nie mehr sofort mit den Gehältern von Politikern in Verbindung, sondern immer mit hungern, schlechter Laune, frieren und Frust. Alles was uns gefällt ist entweder verboten, unkeusch oder macht dick. Zum Glück ist dieser Satz mittlerweile nur noch fast richtig.

Gabi Schierz (l.)
Gabi Vallenthin (r.)

Bei Backen denken wir nach wie vor an Kuchen, Kekse, Muffins und Torten ... alles Köstlichkeiten, die uns aufgrund der positiven Erinnerungen, die wir an sie haben, und der Notwendigkeit, sie aus unserem Leben mehr oder minder zu streichen, in eine verdammte Zwickmühle bringen.
Bis heute. Also genau genommen, bis Sie dieses Buch erworben haben. Denn wir werden Ihnen jetzt, hier und heute zeigen, dass Backen auch dann Spaß machen kann, wenn man abnehmen und gesünder leben möchte, weil nicht zwangsläufig alle Backwaren dick machen. Nicht einmal die, die uns richtig gut schmecken.

Ihre
Gabi Vallenthin und Gabi Schierz

Das ist LOW FETT 30

LOW FETT 30 bedeutet fettarme Ernährung in allen Lebenslagen und etwas mehr Bewegung. Die Grundidee unseres Konzeptes ist eine gut sichtbare Kennzeichnung von Lebensmitteln mit dem Gütesiegel, das schon von weitem signalisiert: Hier ist Genuss ohne Reue möglich.

Der Grund, warum das Logo „GO FETT 30" heißt, ist ein rein rechtlicher. Das Lebensmittelkennzeichnungsrecht ist in vielen Bereichen auch Auslegungssache. Und da „LOW", was ja an sich nur „gering, wenig" bedeutet, von einem nicht mit der englischen Sprache vertrauten Verbraucher aber als „weniger" verstanden werden könnte, haben wir uns dazu entschlossen, das Label GO FETT 30 zu nennen. GO macht auch Sinn: Denn Sie sollen die Veränderungen mit Elan angehen. Sie sollen ein Ziel definieren und sich darauf zu bewegen. GO ist Kampagne und Grundeinstellung zugleich!

Denken Sie um!

Egal wie Sie ein Lebensmittel auch nennen wollen. Ob Sie dazu „Kuchen" sagen oder „Nachtisch", ob Sie es „Pizza" nennen oder „Eisbecher" ... der Name als solcher sagt noch gar nichts über die Qualität des Lebensmittels aus. Auch „bio" oder „Vollwert" sind noch keine Garanten, dass uns das jeweilige Nahrungsmittel wirklich gut tut. Die Zusammensetzung allein ist entscheidend für den „Wert", den ein Nahrungsmittel für uns hat. „Kuchen" bedeutet noch lange nicht „ungesund", „Kekse" machen nicht zwangsläufig dick. Wenn die Grundzutaten im richtigen Mischungsverhältnis zueinander stehen, kann selbst aus einem tollen Eisbecher ein seriöser Bestandteil Ihres Abnehmkonzeptes werden. Die einzige Voraussetzung dazu ist, dass Sie eine wesentliche Regel für eine schlanke(re) Linie einhalten: Vor allem tierisches Fett sparen, wo immer es geht. Bei „Vollwert"-Kost dagegen wird häufig so extrem in Butter, Schmand, Sahne und Nüssen geschwelgt, dass uns ein kleines Stückchen Kuchen so viele Kalorien beschert wie ein anständiges LOW FETT 30-Mittagessen.

„Bösewicht" Fett?

Fett ist weder böse noch schlimm. Nur in den Mengen, wie wir es in Nahrungsmitteln und beim Kochen verwenden ist es eben einfach ein bisschen zu viel. Wir essen gerne Frittiertes, Gratins und Aufläufe, Panaden und Cremes, Eis und Speck. Wir nehmen Majonäse zur Wurst, entscheiden uns für gebratenen Leberkäse mit Ei und gönnen uns anschließend den Schokoriegel mit den vielen Nüssen zum Dessert. Fett ist aber der Energieträger unserer Nahrung, der uns am meisten Brennwert beschert, sprich: Der die meisten Kalorien hat. Wer beim Fett spart, spart doppelt Kalorien: Weil Fett mit 9 kcal pro Gramm mehr als doppelt so viel Kalorien mitbringt wie Kohlenhydrate oder Eiweiß (je 4 kcal pro Gramm).

Fett ist schlimmer als Zucker?

Allgemeingültigen Statements sind zwar sehr verbreitet, aber eigentlich alle vom Ansatz her falsch. Und das gilt auch für diese Behauptung: Es gibt nämlich kein „schlimm", „ungesund" oder „gefährlich" ... entscheidend ist zum einen die Zusammensetzung, die Dosierung – und zum anderen Ihr Körper selbst. Es gibt Menschen, die setzen Nahrungsfett umgehend in Körperfett um, andere dagegen können futtern wie die Scheunendrescher und nehmen bloß nicht zu. Claudia Schiffer hat zum Beispiel über sich einmal gesagt, dass jedes Milchprodukt sofort auf ihren Hüften landet. Sie nimmt von Joghurts leichter zu als von anderen Lebensmitteln. Andere dagegen werden sofort dick, wenn sie Kartoffeln essen. Auch für den einzelnen Menschen gibt es keine allgemein gültigen Regeln. Entscheidend ist, dass man die verschiedenen Parameter für sein Gewicht kennen lernt und dann austestet, wie man sich den Wunsch nach weniger Pölsterchen und größerem Wohlbefinden am einfachsten erfüllen kann.

Die Parameter für Ihr Gewicht

Früher galten Übergewichtige einfach nur als disziplinlos. Wer zu dick war, war einfach ein grässlicher Fresssack, der den Hals nicht voll genug kriegen konnte. Mittlerweile ist erwiesen, dass Übergewicht zu einem ganz großen

Teil genetisch bedingt ist. Wer übergewichtige Vorfahren hat, wird es selbst mit dem Schlank sein schwerer haben als diejenigen, die nur Störche und Spargelstangen in ihrem Stammbuch führen.

Dabei ist es der langsamere Stoffwechsel, der für die Röllchen um den Bauch herum sorgt. Dazu kommt, dass Dicke einfach mehr Appetit haben (auch Appetit ist Vererbungssache) und lieber essen als Dünne. Es gibt Menschen, die vergessen einfach zu essen. Einem Dicken passiert so etwas nun mal nicht. Gegen die Gene sind wir zwar nicht völlig machtlos, aber sie sind ein ordentliches Päckchen, das wir zu tragen haben.

Ein weiterer Parameter ist die Reaktion auf verschiedene Nahrungsmittel. Es gibt Nahrungsmittel, die uns mehr zusetzen (im wahrsten Sinne des Wortes) als andere. Dagegen hilft nur eines: Herausfinden, welche Nahrungsmittel uns satt und zufrieden und welche uns einfach nur dick machen.

Auch die Tageszeit, zu der wir essen, entscheidet mit über unsere Fülle: Wer abends große Portionen isst, hat in aller Regel mehr Probleme mit Übergewicht als jemand, der um 18:00 Uhr seine letzte Mahlzeit zu sich nimmt. Dennoch gibt es Menschen, die um zwei Uhr morgens noch üppige Fressorgien feiern können, ohne zuzunehmen. Das ist wiederum Genetik. Wie es bei Ihnen ist, müssen Sie testen.

Auch abends auf Kohlenhydrate zu verzichten und nur Gemüse, Salat und Fleisch oder Fisch zu essen macht für viele Menschen Sinn: Nachts schütten wir nämlich ein Fett verbrennendes Hormon aus, das nicht so richtig greifen kann, wenn wir Kohlenhydrate gegessen haben.

Wenn Sie zu den typischen guten Futterverwertern gehören, zu denen, die schon beim Hingucken zulegen, dann kombinieren Sie folgende Maßnahmen: Essen Sie konsequent LOW FETT 30 mit vielen Ballaststoffen. Essen Sie so oft es geht abends bis 18:00 Uhr Ihre letzte Mahlzeit für den Tag oder beschränken Sie sich auf ein (weitgehend) kohlenhydratfreies Abendessen.

LOW FETT 30
ist ausgewogen

Schon Paracelsus hat gesagt „die Dosis macht das Gift" ... und wenn sich das zu seinen Zeiten auf die Verwendung richtiger Gifte bezog, gilt dieser Satz heute ungleich mehr für unsere Nahrung: Zu viel ist ungesund – egal wovon ... die Kunst besteht darin, mit normalen Zutaten eine ausgewogene Mischung hinzukriegen.

Die Deutsche Gesellschaft für Ernährung empfiehlt, dass unsere tägliche Energie, die wir mit der Nahrung zuführen, zu 55 % aus Kohlenhydraten, zu ca. 15 % aus Eiweiß (Proteinen) und zu maximal 30 % aus Fett kommen soll.

Letzteres errechnet man so:

$$\frac{\text{Gramm Fett} \times 9 \text{ kcal} \times 100}{\text{Gesamtkalorien}} = \% \text{ Fettkalorien}$$

Diese Berechnung ist nötig, weil Fett einen anderen Brennwert hat als Eiweiß oder Kohlenhydrate.

Grundlagen

Die Kalorien aus einem Nahrungsmittel setzen sich zusammen aus den Kalorien aus Kohlenhydraten, aus Eiweiß und aus Fett. Ein Gramm Kohlenhydrate und ein Gramm Eiweiß bringen es jeweils auf 4 kcal. Fett dagegen liefert 9 kcal pro Gramm ... mehr als doppelt so viel wie die beiden anderen Nahrungsgrundstoffe. Das liegt an der Funktion, für die Fett seit Beginn der Tierwelt (und wir gehören ja nun mal in diese Kategorie) gedacht ist: Fett ist ein Energiespeicher für knappe Zeiten, für Zeiten, wo kein Futter zu bekommen ist, als Überlebensration für den Winterschlaf. Fett ist zudem Isoliermaterial und schützt die Organe. Es ist unsere Speisekammer, aus deren Vorräten wir uns bedienen können, wenn es sonst nichts gibt.

Die Speisekammer sollte natürlich, wenn man sie am Körper trägt, nicht so voluminös sein, dass wir uns nicht mehr bewegen können: Deswegen hat Fett einen so hohen Brennwert bei so wenig Volumen. Wäre der Brennwert und das Volumen von Fett so wie bei Kohlenhydraten, würden wir ca. die 4-fache Menge herumschleppen müssen, denn Kohlenhydrate haben weniger als die Hälfte des Brennwertes im Vergleich zu Fett, bringen aber dafür mehr Volumen mit vor allem durch die Ballaststoffe, die mit Kohlenhydraten meist einhergehen. Da man also die „Speisekammer" mit Fett am leichtesten füllen kann, liegt der Umkehrschluss nahe, genau hier anzusetzen, wenn man sie leeren möchte, sprich: Wenn wir abnehmen wollen.

Die Fettaufnahme
verringern

Fettreduktion ist der erste Ansatz bei Bemühungen um Gewichtsabnahme (immer vorausgesetzt, Ihr Stoffwechsel funktioniert!) – denn weniger Fett spart deutlich mehr Kalorien als eine Verringerung von Kohlenhydraten oder Eiweiß. Zudem macht sich eine Fettreduktion geschmacklich auch nicht sonderlich bemerkbar. Schon eine geringfügige Reduktion von ca. 40 Gramm am Tag (das entspricht etwa einem Esslöffel Öl plus zwei Mal Butterbelag auf dem Brot) sorgt für eine tägliche Kalorienersparnis von 360 kcal. Für einen vergleichbaren Kalorienverlust müssten Sie ca. 45 Minuten joggen!

Nicht übertreiben! Ihr Körper braucht Fett

Sparen Sie Fett, aber sparen Sie mit Verstand! Ihr Körper benötigt auch Fett für den Fettstoffwechsel. Verzichten sollten Sie deswegen vor allem auf tierische Fette, also Butter, fetten Käse, fettes Fleisch, Wurst, Fettränder, Schweinekrusten, Eidotter, Schmand und Sahne ...

Achten Sie aber darauf, dass Sie dennoch jeden Tag zwei Esslöffel kaltgepresstes Öl (z. B. natives Olivenöl, Weizenkeimöl, Leinöl ...) oder naturbelassene Nüsse (Walnuss, Haselnuss, Mandel ...) und Sämereien (Leinsamen, Sonnenblumen, Sesam ...) zu sich nehmen. Diese Fettrationen sollten allerdings nicht erhitzt werden. Zudem sollten Sie mindestens zweimal in der Woche Seefisch essen, der dann auch ein bisschen fetter sein kann, wie z. B. Makrele, Hering oder Lachs.
Damit erhält Ihr Körper alle Fette, die er benötigt und die er nicht selbst bilden kann.

Ballaststoffe in Kohlenhydraten

Kohlenhydrate nennt man die gesamte große Gruppe der Glucoseketten, die von „Einfachzucker", einem einzigen Glucosebaustein (Traubenzucker) über „Di-Saccharide" (2 Glucosebausteine wie z. B. der Haushaltszucker) über Stärke (ab 18 Glucosebausteine wie in Mehl) bis hin zu komplexen (verschachtelten) Kohlenhydraten, den nicht verwertbaren, aber wertvollen Ballaststoffen, reichen.
Je länger diese Ketten sind, umso langsamer werden sie von Ihrem Körper in die Einzelbausteine bis zur für ihn verwertbaren Glucose zerteilt. Und je länger der Körper dafür braucht, umso schonender ist das für den Gesamtstoffwechsel. Das heißt: Je weniger reinen Zucker/Honig Sie verwenden umso besser. Das Umgekehrte gilt für ballaststoffreiches Obst, Gemüse und Vollwertmehle oder Flocken: Je mehr Sie davon in Ihre Ernährung einbauen, umso besser.

Neben der Schonung Ihres Organismus füllen Ballaststoffe länger Ihren Darm und halten deshalb auch länger satt. Außerdem „kratzen" die Ballaststoffe bei dem Weg durch Ihren Körper Schlackenstoffe aus Ihrem Darm – er wird also auf diese Weise gereinigt und gepflegt.

Falls Sie auf Vollkornmehle oder Flocken gelegentlich mit Blähungen oder Verstopfung reagiert haben, beginnen Sie mit kleinen ungezuckerten Mengen Vollkornprodukten (z. B. kleine Portion Müsli) und trinken Sie viel Wasser dazu. Ungezuckert deshalb, weil Zucker oder Honig schneller verdaut werden und dann der restliche Nahrungsbrei vor sich hinzugären beginnt. Das sorgt dann für Blähungen!

Entscheidend ist, aus welchen Grundbausteinen sich Ihre Nahrung zusammensetzt. Nehmen Sie von Vorurteilen Abschied und setzen Sie sich mit den einzelnen Nahrungsbausteinen auseinander.

Worin stecken Eiweiß, Kohlenhydrate, Fette

Eiweiß in
- Eiklar
- Fisch, Krustentiere
- Fleisch
- Milchprodukte
- Sojaprodukte
- Hülsenfrüchte

Kohlenhydrate in
- Zucker, Honig, Birnendicksaft und Co.
- Obst und Gemüse
- Getreide
- Nudeln, Reis
- Hülsenfrüchte

Fett in
- Ei-Dotter
- Butter
- Margarine
- Öl
- Oliven, Avocado
- Samen und Nüsse
- Fettränder bei Fisch und Fleisch
- Sahne, Käse

Versteckte Fette
Sicher haben Sie schon den Begriff der „versteckten Fetten" gehört. Diese finden sich ausschließlich in fertigen Lebensmitteln: Soßen, Delikatesssalate, Aufläufe, Pizzen, Wurst ... denn diese Produkte werden häufig (aber längst nicht immer) aus fettreichen Grundprodukten hergestellt, ohne dass man das sofort erkennen kann.
Unsere Nährwertetabelle, wie Sie sie auch in diesem Buch im Anhang finden, gibt hier Aufschluss.

Die 3 Regeln von LOW FETT 30

Wenn wir die Fettformel konsequent beachten, kommen wir mit drei einfachen Regeln aus:

1. Essen Sie, wenn Sie Hunger haben. Ihr Magen meldet sich? Gut! Zeit, etwas zu essen. Aber essen Sie erst wenn Sie Hunger haben, nicht weil Sie Lust und Appetit auf dies und das entwickeln, nicht weil Sie gefrustet sind und nicht aus Langeweile. Das ist übrigens die schwierigste der drei Regeln, denn wer mit seinem Gewicht nicht zufrieden ist, kann meist Appetit von Hunger nicht mehr unterscheiden. Bevor Sie also einen Bissen in den Mund schieben, halten Sie kurz inne und fragen sich: Habe ich Hunger? Oder bin ich nur mal wieder „gefräßig" weil ich mich ärgere oder genervt und gefrustet bin?

2. Hören Sie auf, wenn Sie satt sind. Sie sollen sich satt essen. Aber überfressen Sie sich nicht, nur weil es lecker schmeckt. Weil da noch Reste von den Kindern auf dem Teller liegen, weil jemand Ihnen Ihren Teller vollgeladen hat. Versuchen Sie, langsam zu essen … auch wenn es schwer fällt. Auch den „Stop-Punkt" zu finden, ist schwer. Wer langsamer isst, findet ihn leichter … und bevor Sie sich einen zweiten Teller nehmen, überlegen Sie kurz, ob Sie wirklich noch Hunger haben.

3. Alles, was Sie in den Mund schieben, soll LOW FETT 30 sein. Sie müssen die Prozentsätze übrigens nicht irgendwie addieren (geht rein rechnerisch gar nicht!); Sie müssen von jedem einzelnen Produkt die Kalorien und das Fett ermitteln, die Werte aller verwendeten Produkte addieren und dann das Ergebnis (Gesamtgramm Fett und Gesamtkalorien) in die Formel einsetzen. Die Nährwerte für unsere Rezepte werden genau so ermittelt. Deswegen können wir auch Schmand, Butter, Sahne und Öl verwenden, aber eben in einer Dosierung, die das Gesamtergebnis nicht über 30 % Fettkalorien schnellen lässt. Wenn es um Ihre selbst zusammengestellten Mahlzeiten geht – das gilt in besonderem Maße für Frühstück, Abendessen und Snacks – sollten Sie gerade am Anfang beim Einkaufen rigoros darauf achten, dass jedes Teil für sich schon LOW FETT 30 ist. Dann können Sie im Endergebnis ebenfalls nichts falsch machen. Seien Sie stur bei dieser Grenze. Wenn ein Produkt 30,01 % hat, lassen Sie es liegen. Je exakter Sie hier sind umso weniger geraten Sie in Gefahr, in den alten Schlendrian zu verfallen.

Überfordern Sie sich nicht

Versuchen Sie nicht, innerhalb weniger Wochen das Übergewicht, das sie über Jahre angesammelt haben, loszuwerden. Machen Sie sich keinen Stress. Bei Stress gibt der Körper keine Polster her! Versuchen Sie, mit Ihrer „Pelle" Frieden zu schließen. Pflegen und verwöhnen Sie sich. Stellen Sie IHRE Bedürfnisse in den Vordergrund – längst nicht nur die körperlichen. Machen Sie Entspannungsübungen, genießen Sie ein ausgedehntes Bad, gehen Sie zum Friseur oder hören Sie einfach nur mal in Ruhe eine halbe Stunde Musik.

Wer entspannter durchs Leben geht, ist auch nicht so anfällig für rumliegende Kekse und Schokolade. Ausgeglichenheit ist das beste Mittel gegen „Frust-Futtern".

Je sanfter Sie – abgesehen von den 3 Grundregeln – die Veränderungen vornehmen, also mit kleinen Dosen Bewegung anfangen, erst

einmal nur gelegentlich Vollwertbrot oder Müsli essen, den Gemüse- und Rohkost-Anteil langsam erhöhen etc. – umso weniger wird Ihr Körper protestieren und umso leichter wird er es Ihnen machen. Hau-Ruck-Methoden dagegen sorgen für Muskelkater, schlechte Laune, Frieren, Übelkeit, Müdigkeit, Fressgier und Kopfschmerzen. Das ist die Hand voll Mittel, die Ihrem Körper zur Verfügung stehen, um Sie zu bremsen. Egal, ob das nun das volle Gesundheitsprogramm ist, mit dem Sie sich selbst vergewaltigen oder die durchfeierten und durchzechten Nächte, Ihr Körper bringt sich immer mit den gleichen Mitteln dazu, ein bisschen ruhiger zu treten.

Also, schön langsam Stück für Stück umstellen – und auch nur, wenn Sie sich nicht zu sehr damit quälen müssen. Mit kleinen Kompromissen hie und da ist jede Veränderung leichter zu bewältigen ... und so lange Sie nicht ständig und dauernd Kompromisse machen, funktioniert das wunderbar.

So klappt es bestimmt

Neben den 3 Regeln, die wir Ihnen vorgestellt haben, gibt es noch zwei Dinge, die Sie tun sollten:

Trinken Sie ab sofort regelmäßig Wasser
Stellen Sie sich dazu überall, wo Sie sich aufhalten (Auto, Büro, Schlafzimmer, Küche, Wohnzimmer ...) eine Flasche Mineralwasser hin und trinken Sie daraus, sobald Sie sie wahrnehmen. Wasser mit weniger Kohlensäure lässt sich leichter in großen Mengen trinken. Zimmerwarmes Wasser ist einfacher zu trinken als kaltes. Trinken Sie direkt aus der Flasche, dann trinken Sie automatisch mehr als wenn Sie sich jedes Mal ein Glas eingießen.

Bauen Sie mehr Bewegung in Ihren Alltag ein
Falls es Ihnen gelingt, eine Freundin zum Mitmachen zu motivieren, fällt es Ihnen mit Sicherheit leichter, den inneren Schweinehund zu überwinden. Ideal sind folgende Bewegungsarten: Walking, Inlineskaten (aber nur, wenn Sie es schon beherrschen; es erfordert viel Koordinationsfähigkeit und wenn sie die nicht haben, riskieren Sie heftige Stürze), Fitnessstudio (Ausdauer und Muskelaufbau), Fahrrad fahren, schwimmen (ausdauernd, nicht planschen) und, wenn sich das anbietet, Ski-Langlauf. Je länger Sie sich in einem etwas erhöhten Pulsbereich bewegen, umso besser ist das für Ihren Stoffwechsel und den Abbau von Körperfett. Je höher Ihr Muskelanteil ist, umso größer ist Ihr Kalorienbedarf – schon in Ruhe.
Ideal wäre es, dreimal pro Woche ins Studio oder raus an die frische Luft zu gehen, und das nach Möglichkeit länger als 30 Minuten. An den Tagen, an denen Sie sich nicht 30 Minuten bewegen, können Sie zusätzlich noch 10 Minuten „Gymnastik" einbauen (Yoga, Stretching, Callanetics, Cantienica, isometrische Übungen oder reines Krafttraining), damit Sie mehr Muskeln bekommen. Abgesehen vom rein optischen Effekt eines konturierteren Körperbaus schützen Sie mit mehr Muskeln auch Ihre Gelenke. Das gilt für Ihre Rückenpartie ebenso wie für Hüft- oder Kniegelenke.

Seien Sie ehrlich zu sich selbst

Seit mehr als 5 Jahren gibt es das LOW FETT 30-Konzept. Und die Erfahrung zeigt uns: WIRKLICH ehrlich zu sich selbst zu sein, ist manchmal schwerer als man denkt. Die Frage, die nur Sie sich beantworten können ist die Frage, ob Sie wirklich abnehmen möchten. Wollen Sie tatsächlich etwas ändern?
Testen Sie das mal vor dem Spiegel: Ziehen Sie sich aus, stellen Sie sich vor einen großen Spiegel und schauen Sie sich ruhig und liebe-

voll an. Wollen Sie wirklich daran etwas ändern. Ist das, was Sie da sehen die Mühe wert, Nährwerte auszurechnen, anders zu kochen, anders einzukaufen.
Wer möchte eigentlich, dass Sie etwas an Ihrer Figur ändern? Sie selbst? Ihr Partner? Ihr Arbeitgeber? Nur wenn Sie selbst es wollen, werden Sie die Energie aufbringen, dann noch durchzuhalten, wenn es nicht mehr wie von alleine fluppt, wenn Sie Muskelkater bekommen, wenn Sie Fressattacken kriegen. Nur wenn Sie selbst wirklich etwas ändern möchten, dann werden Sie diese Hürden nehmen. Und wenn Sie jetzt vor diesem Spiegel feststellen, dass alles gar nicht so tragisch ist, dass Sie sich gefallen, dass Sie gesund sind und dass auch kein Arzt meckern kann, dass Sie zu dick sind und mit Ihrer Gesundheit spielen – dann bleiben Sie doch bitte so, wie Sie sind – akzeptieren Sie sich, lassen Sie die Finger von kurzfristigen Crashdiäten und achten Sie nur darauf, dass Sie sich ausgewogen und ohne Stress ernähren. Essen Sie dann einfach nur genügend Rohkost, Ballaststoffe und generell etwas weniger Fett. Das schadet nie! Und alles andere – inklusive der Meinung der Leute, die in Ihrem Leben nicht wirklich zählen – lassen Sie einfach nicht an sich ran. Wir wünschen Ihnen viel Erfolg dabei, das herauszufinden!

Starten Sie jetzt durch

Sie haben verschiedene Möglichkeiten, mit LOW FETT 30 zu beginnen; welche Sie vorziehen, hängt von Ihren persönlichen Vorlieben ab.

Das komplette Programm: LOW FETT 30-konkret

Für alle, die eindeutige Anleitungen benötigen, klare Vorgaben und einen Leitfaden, an dem sie sich orientieren können, ist das Abnehmprogramm zu empfehlen. Sie können das per Post/Brief/Telefon/E-Mail machen oder in einer Gruppe vor Ort. Die Gruppenorte erfahren Sie im Internet unter www.lowfett.de oder telefonisch unter 09 31/9 70 19 20.
Hier können Sie auch das Programm für Zuhause bestellen.

Der Alleingang

Auch hier gibt es zwei Möglichkeiten. Zum einen können Sie sich aus den über 20 Büchern, die es von uns gibt, die aussuchen, die thematisch am besten zu Ihnen passen. Und dann sollten Sie sich Zugang zum Internet verschaffen und sich auf unseren Seiten im FORUM anmelden. Hier trifft sich eine aktive und agile Community. Sie bekommen dort Unterstützung und Hilfe, und wenn Sie einmal ältere Beiträge durchforsten, finden Sie mit Sicherheit auf die meisten Fragen eine Antwort: http://www.lowfett.de. Hier gibt es auch die Möglichkeit, Gleichgesinnte „vor Ort" kennen zu lernen, mit denen man dann eben gemeinsam einkaufen oder sporteln geht. Wichtig ist, dass Sie aktiv werden, dass Sie die Ziele, die Sie – rein theoretisch – gerne erreichen würden, auch wirklich zu ihren Zielen machen und den Wunsch in Taten umsetzen.

Kooperationen

Wir gehen auch Kooperationen mit anderen Unternehmen ein: Mit Betriebsrestaurants und Hotelketten, mit Reiseveranstaltern und Bäckereien, mit Lebensmittelproduzenten und Handelsunternehmen, Küchenstudios oder Krankenkassen. Falls Ihnen LOW FETT 30 in Ihrer Kantine fehlt, bei Ihrem Lebensmittelhändler oder Ihrer örtlichen Bäckerei, sprechen Sie diese einfach an. Erzählen Sie Ihren Ansprechpartnern von LOW FETT 30 und verweisen Sie auf die Kooperationsmöglichkeiten ... denn Nachfrage ist eben immer noch der sicherste Weg, seinen eigenen Interessen auf den Weg zu helfen.

Das war jetzt ein kleiner Ausflug in die wesentlichen Grundlagen von LOW FETT Wenn Sie weiterführende Informationen und noch mehr Grundlagen zum LOW FETT 30-Programm erfahren wollen, empfehlen wir Ihnen das Buch „Essen macht Spaß" (Goldmann Verlag), anhand dessen wir in einem Test der Zeitschrift Ökotest mit zu den vier besten Abnehmkonzepten gekürt wurden. Hier finden Sie alle Tipps und Tricks, die Sie für eine Umsetzung benötigen, dazu 30 „lebende" Beispiele von Teilnehmern, die sehr erfolgreich mit LOW FETT 30 abgenommen haben, viele Rezepte und noch mehr Nährwerte!

Die LOW FETT 30 Backtipps

Fettarm backen, kein Problem

Falls Sie schon zu denen gehören, die gerne backen, werden Sie auch mit unseren Rezepten keine Schwierigkeiten haben. Es gibt drei Dinge, mit denen Sie sich das Backen generell erheblich vereinfachen.

- die richtigen Zutaten
- eine vernünftige Ausrüstung
- und das Wissen um ein paar Tricks und Kniffe, die man sich über die Jahre so aneignet.

Die richtigen Zutaten

Wir verwenden alle handelsüblichen Zutaten, ob das nun Halbfettmargarine ist, Eier, Mehl, Zucker, Trockenobst oder frisches Obst. Sie können selbst entscheiden, ob Sie statt weißen Mehls lieber Vollkornmehle verwenden. Bitte beachten Sie aber, dass Vollkornmehle mehr Backtreibmittel benötigen als weißes Mehl, weil Vollkornmehl durch die enthaltenen Ballaststoffe einfach schwerer ist. Der Vorteil ist, dass Vollkornmehle saftigere Kuchen liefern und auch ein bisschen kompaktere.

Backtreibmittel

Backtreibmittel sind Hefe und Sauerteige, konventionelles Backpulver, Natron oder Weinstein-Backpulver. Auch bestimmte Zubereitungsarten minimieren das Risiko, dass ein Teig „sitzen" bleibt:

Trennen Sie Eiweiß und Eigelb immer und schlagen Sie das Eiweiß steif. Es wird am Schluss unter den Teig gehoben. Eigelb dagegen sollten Sie stets so lange mit dem Zucker verrühren, bis aus der Masse eine weiß-gelbe Creme entstanden ist (nach ca. 3 bis 5 Minuten). Das verbessert das Ergebnis ebenfalls. Verwenden Sie Backformen mit guter Wärmeleitfähigkeit. Bei Vollwert-Rührkuchen empfehlen wir kleine Backformen (nicht zu hoch füllen!!!) oder Muffinsförmchen. Die Hitze kommt so besser an den Teig, er geht besser auf und der Teig backt schnell und gleichmäßig durch.

Mehl
Wir verwenden in unseren Rezepten bevorzugt backstarke Markenmehle der Typklasse 405. Für Obstkuchen (zum anschließenden Belegen) eignet sich besonders Buchweizenmehl frisch aus dem Bioladen. Es verleiht dem Kuchen eine herrlich „nussige" Note und macht ihn wunderbar saftig. Beim Kauf von Vollwertmehlen sollten Sie Ihren Bioladen bemühen, die Mehle dort frisch mahlen lassen und sofort komplett verwenden.

Obst und Trockenfrüchte
Äpfel: Verwenden Sie feste, säuerliche Sorten. Besonders gut eignen sich Elstar, Boskop und Cox Orange. Auch der Braeburn kommt in Frage. Weniger geeignet sind Granny Smith oder Golden Delicious, weil sie einfach nicht genügend Geschmack und Säure mitbringen.
Birnen: Auch hier feste Sorten verwenden.
Pflaumen/Zwetschgen: Pflaumen (Kennzeichen: Der Stein geht schlecht raus!) sind für Kuchen ziemlich ungeeignet, weil sie nur zerkochen und meist recht sauer werden. Zwetschgen dagegen ergeben wunderbare Ergebnisse, vor allem dann, wenn Sie den Zucker (z. B. beim Zwetschgendatschi) erst nach dem Backen aufstreuen. Zucker zieht nämlich Wasser – das Ergebnis sind matschi-

ge Früchte, und wenn Sie Pech haben, ein mit einer schwarzen Kruste verbackener Ofen. Obstkuchen generell nicht zu heiß backen – sonst verbrennt das Obst.
Pfirsiche und Ananas nehmen wir der Einfachheit halber aus der Dose.
Trockenobst (Rosinen, getrocknete Aprikosen & Co.) vertragen es gut, wenn man sie vor dem Backen in Wasser quellen lässt. „Rumrosinen" lassen sich übrigens leicht selber machen (dem Wasser Rum beigeben) … wenn Sie aber Kinder haben, sollten Sie Rum-Aroma vorziehen.

Fette, Eier, Milch

Margarine/Butter: Wir verwenden viel Halbfettmargarine (zum Backen in aller Regel kein Problem) und ersetzen häufig einen Teil des Fettes durch fettarmen Joghurt oder durch Quark mit Wasser. Das macht den Kuchen ebenfalls schön saftig und spart Fett. Der Trick funktioniert übrigens auch bei vielen Backmischungen: Wenn Sie konventionelle Backmischungen nehmen (z. B. Kirschlikuchen oder Zitronenkuchen von Dr. Oetker) und das Fett, das Sie zugeben müssten, durch Joghurt und einen Esslöffel Grieß ersetzen, ergibt das einen tollen Kuchen. Wichtig: Reduzieren Sie beim Backen die Temperatur um 20 °C und verlängern Sie einfach ein bisschen die Backzeit. Sonst wird der Kuchen zu braun.
Wenn wir von Milch sprechen, meinen wir immer 1,5 %ige, also fettarme Milch, außer, es ist etwas anderes im Rezept angegeben.
Eier entsprechen der früheren Gewichtsklasse 4, die heute die Bezeichnung M trägt.

Liste der wichtigsten Backzutaten

- Mehl (verschiedene Sorten)
- Grieß
- Backtreibmittel (z. B. Weinstein, Backpulver, Natron)
- Hefe (Trockenhefe hält lange)
- Sauerteig-Mischung (gibt es trocken, toll für Roggenbrot)
- Salz
- Zucker
- Vanillezucker
- Ihre Lieblingsgewürze (Zimt, Kardamom, Vanille …)
- Kakao
- Puddingpulver
- Tortenguss rot und weiß
- Gelatine
- Aromen (als Ampullen oder geriebene Zitronen- und Orangenschale)
- Rosinen

- div. Nüsse und Mandeln
- Obst Dose/Glas
- für Brote noch herzhafte Gewürze (z. B. Kümmel, getrocknete Zwiebeln, Knoblauchpulver ...)

Damit können Sie von Kuchen über Brot, Brötchen und Pitta nahezu schon alles backen.

Die richtige Ausrüstung

Ohne Mixer ist Backen wirklich eine ziemliche Plackerei. Noch einfacher wird es mit einer leistungsstarken Küchenmaschine. Aber Vorsicht: Ein hoher Preis und ein tolles Design sind noch kein Garant für eine praktische Küchenmaschine. Versuchen Sie die Maschine zu testen (vielleicht hat eine Freundin eine). Wenn Ihnen das Mehl bei Stufe 10 über die Ränder der Schüssel fliegt und sie ohne akrobatische Verrenkungen nicht mal mehr 100 ml Flüssigkeit zum Teig gießen können, ist ein anderes Modell vielleicht besser.

Leider sind die heutigen Küchenmaschinen nicht mehr von der Qualität wie das noch bei unseren Müttern der Fall war. Mit „Fuzzi-Logic" und ähnlichen Spielereien wird Ihr Kuchen leider nicht besser, das Ding hat nur noch 3 Ecken mehr, an denen es kaputt gehen kann. Also: Küchenmaschine ausprobieren, nicht zu viel Schnickschnack bezüglich Elektronik auswählen und vorher mal ein bisschen rumfragen.

Backformen

Die können eigentlich nicht gut genug sein. Weißblech-Formen können Sie glatt vergessen. Da pappt alles nur an. Und wenn Sie Pech haben, setzt die Form nach ein paar Mal Backen Rost an.

Schwere Backformen, dick emailliert, ziehen wir dünneren Formen vor: Sie brauchen zwar mehr Energie, bis sie mal heiß sind, geben dafür aber die Hitze so gleichmäßig ab, dass das Backergebnis hervorragend wird.

Die Silikonformen, die man im Handel findet, sind zwar sehr nett und praktisch, weil man sie auch falten kann und in eine Ecke knuddeln, aber sie haben zwei Nachteile, die man beachten muss: Da die Formen flexibel sind, sind weiche Teige ein Balanceakt bis sie im Ofen stehen und Sie können nichts darin schneiden oder mit einem spitzen Gegenstand herausholen.

Keramik-Backformen dagegen haben so lange Backzeiten, dass wir sie ungern verwenden. Sie taugen besser als Deko.

Einfetten

Filigrane Formen wie Obsttortenböden mit „Zackenrand", gebackene Bärchen und andere kunstvolle Formen verschlingen Unmengen an Fett ... außer ... man sprüht sie mit Backspray ein! Das ist fantastisch: Einfach kurz mal drübersprühen und selbst das raffinierte Dekoelement eines Kuchens bleibt erhalten. Der Kuchen fällt einem förmlich beim Stürzen entgegen. Falls Sie im normalen Handel kein Backspray bekommen können, bestellen Sie es einfach bei uns im online-Shop unter www.lowfett.de. Ganz ohne Fett geht es mit unserer Dauer-Brat- und Backfolie, die wir in Springformen legen oder unter Obstkuchen. Sie lässt sich bis zu 1.000-mal wiederverwenden, in der Spülmaschine reinigen. Nur darauf schneiden sollte man nicht.

Messer, Quirle, Rührgeräte

Egal was Sie in Ihrer Küche zubereiten: Scharfe Küchenmesser und so kleine Helfer wie „Apfelstecher", Julienne-Reißer oder verschiedenste Formen von Schneebesen kann man nie genug haben. Wieso fast alle Haushalte mit einer Reihe riesiger, teurer und stumpfer Messer ausgestattet sind, wogegen ein kleines, scharfes Haushaltsmesser (mit und ohne Zacken) nur zwei Euro kostet wird uns ein ewiges Rätsel bleiben.

Liste der wichtigsten Backzubehörteile

- Teigschaber (verschiedene Größen, mindestens einer davon starr für schwere Teige und mindestens ein flexibler für weiche Teige)
- Schneebesen (ein offener mit Kugeln an den Enden der Stäbe – und ein normaler mit geschlossenen Bogen)
- verschiedene Messer
- Backspray
- verschiedene Backformen
- Einmal-Backpapier für Blechkuchen
- Küchenwaage
- Küchenbretter
- Handrührgerät
- Teigroller
- und die Küchenmaschine

Noch ein paar Tipps zum Schluss

- Vorsicht bei den Temperaturen – gerade bei Kuchen, den Sie mit Joghurt zubereiten statt mit Fett, wird der Kuchen schnell zu braun.
- Geben Sie genügend Backpulver zu ... denn LOW FETT 30-Kuchen bleiben leider bei bestimmten Witterungsbedingungen leichter sitzen. Wenn Sie sicher gehen wollen, geben Sie Backpulver oder Natron zu.
- Backen Sie kleine Kuchen ... die halten länger frisch und Sie kommen nicht in die Versuchung mehr zu essen als Sie Hunger haben. Kleine Kuchen können Sie auch sehr gut einfrieren.
- Freunden Sie sich mal mit Muffins an: Die kann man wunderbar tiefkühlen und als kleines Eisklötzchen mit ins Büro nehmen. Um 11:00 Uhr, zur 3. Tasse Morgenkaffee, sind sie ein wunderbares leckeres Häppchen.

Hinweise zu den Rezepten

Zubereitungszeit

Hier steht die Zeit, die Sie benötigen, um das ganze Gericht zuzubereiten. Sollten dabei längere Zeitspannen auftreten, in denen Sie nichts zu tun haben, so haben wir diese gesondert als Back-, Quell-, Kühlzeit usw. aufgeführt.

Kalorien- und Nährwertangaben

Sie beziehen sich immer auf eine Portion des Gerichts. Die Prozentangabe steht für Fettkalorienprozent.
Bitte beachten Sie, dass Nährwertangaben je nach Datengrundlage variieren können. Außerdem unterliegen die Inhaltsstoffe ein und desselben Lebensmittels natürlichen Schwankungen. Unsere Angaben sind deshalb als Durchschnittswerte anzusehen.

Zutatenmengen

Wenn nicht anders angegeben, gehen wir bei Obst und Gemüse von ungeputzter Rohware aus. Bei Stückangaben (z. B. Zucchini, Paprikaschote, Brotscheiben) beziehen wir uns auf ein Stück mittlerer Größe.

Backofentemperaturen

Sie beziehen sich auf den Elektroherd mit Ober- und Unterhitze. Wenn Sie mit Umluft arbeiten, reduzieren Sie die Temperaturen um 20 %. Die Backzeit bleibt gleich. Haben Sie einen Gasofen, richten Sie sich bitte nach den Herstellerangaben.

Die Abkürzungen

TL	=	Teelöffel (gestrichen)
EL	=	Esslöffel (gestrichen)
Msp.	=	Messerspitze
g	=	Gramm (1000 g = 1 kg)
kg	=	Kilogramm
ml	=	Milliliter (1000 ml = 1 l)
l	=	Liter
kcal	=	Kilokalorien (oder einfach: Kalorien)
KH	=	Kohlenhydrate
F. i. Tr.	=	Fett in der Trockenmasse
ca.	=	circa
°C	=	Grad Celsius
TK	=	Tiefkühl
Ø	=	Durchmesser
F.	=	Fett
gem.	=	gemahlen
geh.	=	gehäuft
abger.	=	abgerieben

Auch zum Frühstück
sehr lecker

Wenn morgens der feine Backduft aus der Küche dringt, ist das die perfekte Einladung, es sich mit Kaffee, Zeitung und dem leckeren Frühstück im Bett gemütlich zu machen. Clevere Morgenmuffel machen sich einfach während der Woche die Arbeit und backen ihre kleinen Frühstückscköstlichkeiten nur noch mal kurz auf.

Früchtebrot

Für 1 Brot (20 Scheiben) • Zubereitungszeit: ca. 1 ½ Stunden • Gehzeit: ca. 1 ¼ Stunden • Backzeit: ca. 1 ¼ Stunden.
Pro Scheibe ca. 240 kcal • 28 g KH • 7 g Fett • 26 % Fettkalorien

60 ml Milch (1,5 % Fett)
1 Würfel frische Hefe
100 g Zucker
125 g getrocknete Birnen
125 g getrocknete Aprikosen
50 g getrocknete Pflaumen
50 g Belegkirschen
100 g Orangeat
75 g Walnusskerne
100 g Butter
500 g Mehl
1 Prise Salz
1 Päckchen Orangeback
1 TL Lebkuchengewürz
100 g Rosinen
1 Eigelb
2 EL Milch

1. Die Milch erwärmen und die Hefe mit ½ TL Zucker darin auflösen. 15 Minuten an einem warmen Ort stehen lassen.

2. Die Birnen, die Aprikosen, die Pflaumen und die Belegkirschen in kleine Stücke schneiden. Orangeat fein würfeln, Walnusskerne hacken.

3. Die Butter zerlassen und abkühlen lassen. Das Mehl in eine Rührschüssel sieben. Den restlichen Zucker, eine Prise Salz, die zerlassene Butter, das Orangeback, das Lebkuchengewürz und den Hefeansatz dazugeben und mit den Knethaken des Handrührgerätes auf höchster Stufe 5 Minuten durchkneten.

4. Die Früchte, die Nüsse, die Rosinen und das Orangeat darunter mengen. Den Teig zudecken und an einem warmen Ort 30 Minuten gehen lassen.

5. Den Teig auf der bemehlten Arbeitsfläche zu einem Brot formen und auf ein mit Backpapier ausgelegtes Blech setzen. Nochmals zugedeckt 30 Minuten gehen lassen.

6. Den Backofen auf 180 °C vorheizen. Das Eigelb mit der Milch verrühren und das Früchtebrot damit einstreichen. Das Brot auf der zweiten Schiene von unten etwa 1 ¼ Stunden backen.

Auch zum Frühstück sehr lecker

Hutzelbrot

Für 1 Brot (15 Scheiben) • Zubereitungszeit: ca. 1 ¾ Stunden • Einweichzeit: über Nacht
Gehzeit: ca. 45 Minuten • Backzeit: ca. 35 Minuten
Pro Scheibe ca. 200 kcal • 23 g KH • 4 g Fett • 18 % Fettkalorien

100 g getrocknete Birnen

80 g getrocknete, entsteinte Pflaumen

10 g Hefe

10 g Zucker

430 g Mehl

80 g Haselnüsse

100 g getrocknete Feigen

80 g Rosinen

1 EL Kirschwasser

10 g Zitronat

½ TL gemahlener Zimt

½ TL gemahlene Nelken

½ TL gemahlener Fenchel

½ TL gemahlener Anis

1 TL Stärkemehl

10 Mandelhälften

1. Die Birnen in einen kleinen Topf geben, mit Wasser bedecken und etwa 15 Minuten kochen lassen, dann zusammen mit dem Kochwasser über die Pflaumen gießen und über Nacht einweichen lassen.

2. Das Einweichwasser abgießen und auffangen. Die Hefe mit etwas Zucker und etwas Einweichwasser verrühren. An einem warmen Ort etwa 15 Minuten gehen lassen, bis die Hefe beginnt leicht Blasen zu schlagen. Das Mehl, den restlichen Zucker, etwas Einweichwasser und die Hefe gut verkneten.

3. Die Nüsse, die Feigen, die gewaschenen Rosinen, die eingeweichten Birnen und die Pflaumen sowie das Kirschwasser, das gewürfelte Zitronat und die Gewürze dazugeben und unter den Teig kneten.

4. Einen Laib aus dem Teig formen und auf ein mit Backtrennpapier ausgelegtes Blech legen. Mit einem Stofftuch bedecken und an einem warmen Ort etwa 30 Minuten gehen lassen. Im vorgeheizten Backofen bei 200 °C auf der mittleren Schiene etwa 35 Minuten backen.

5. Das restliche Einweichwasser mit dem Stärkemehl verrühren, kurz aufkochen lassen. Das heiße Hutzelbrot mit der Masse bestreichen und zum Schluss mit den Mandelhälften garnieren.

Auch zum Frühstück sehr lecker

Backpflaumenkuchen

Für 12 Stück • Zubereitungszeit: ca. 20 Minuten • Backzeit: ca. 1 Stunde
Pro Stück ca. 225 kcal • 36 g KH • 4 g Fett • 16 % Fettkalorien

250 g Mehl
evtl. 1 TL Backpulver
200 g Zucker
4 Eier
75 ml Milch (1,5 % F.)
1 EL Rum
12 weiche Trockenpflaumen
50 g kernlose, kleine Trauben
1 EL Butter

1. Das Mehl (bei Verwendung von Backpulver mit diesem vermischt) und den Zucker in eine Schüssel geben, nach und nach die Eier dazugeben und alles gut verrühren. Die Milch und den Rum unterrühren.

2. Die Backpflaumen in kleine Stücke schneiden und zusammen mit den Trauben unter den Teig heben.

3. Den Boden einer Springform von 26 cm Ø mit Backtrennpapier bespannen, den Rand mit Butter einreiben.

4. Die Teigmasse einfüllen und den Kuchen im vorgeheizten Backofen auf der mittleren Schiene bei 160 °C 1 Stunde backen.

| Hutzelbrot

Rosinenbrötchen

Für 10 Stück • Zubereitungszeit: ca. 20 Minuten • Ruhezeit: ca. 1 Stunde • Backzeit: ca. 15 Minuten
Pro Stück ca. 290 kcal • 47 g KH • 7 g Fett • 21% Fettkalorien

150 g Rosinen
2 EL Rum
200 g Weizenvollkornmehl
300 g Weizenmehl Type 1050
1 Päckchen Trockenhefe
¼ l lauwarme Milch (1,5 % F.)
75 g zerlassene Margarine
1 ½ – 2 EL Zucker
1 Päckchen Vanillezucker
1 Prise Salz
etwas Mehl für die Arbeitsfläche

1. Die Rosinen waschen und in Rum einlegen. Alle anderen Zutaten miteinander vermischen. Milch und Margarine hinzufügen und alles mit den Knethaken des Handrührgeräts zu einem glatten Teig verkneten.

2. Den Teig auf einer bemehlten Arbeitsfläche mit den Händen etwa 10 Minuten kneten, bis er geschmeidig ist. Zuletzt die Rosinen einarbeiten.

3. Den Teig in eine Schüssel legen und zugedeckt an einem warmen Ort etwa 30 Minuten gehen lassen, bis er sein Volumen verdoppelt hat.

4. Den Teig nochmals kurz durchkneten, dann in 10 gleich große Portionen teilen und diese zu Kugeln formen. Die Teigkugeln auf ein mit Backpapier belegtes Backblech setzen und etwas platt drücken. Nochmals etwa 30 Minuten gehen lassen.

5. Den Backofen auf 200 °C vorheizen. Die Rosinenbrötchen im heißen Ofen auf der mittleren Schiene etwa 15 Minuten goldgelb backen.

Auch zum Frühstück sehr lecker

Tipp Die Rosinenbrötchen kann man mit Quark und Marmelade bestreichen und zum Frühstück essen, ebenso kann man sie gut ins Büro mitnehmen.

Achtung Rosinenbrötchen vom Bäcker sind nicht in jedem Fall LOW FETT 30! In vielen Hefeteigen wird Butter oder Margarine eingearbeitet – das Ergebnis: zu fett. Fragen Sie Ihrem Bäcker notfalls ein Loch in den Bauch, ob da WIRKLICH kein Fett drin ist!

Bagels mit Schinkencreme

Für 7 Stück • Zubereitungszeit: ca. 30 Minuten • Ruhezeit: ca. 1,5 Stunden • Backzeit: ca. 15 Minuten
Pro Stück ca. 240 kcal • 27 g KH • 6 g Fett • 23 % Fettkalorien

Für die Bagels:

½ Päckchen Trockenhefe

30 ml Öl

1,5 TL Salz

275 g Mehl

1 Ei

Für die Schinkencreme:

7 Scheiben gekochter Schinken (3 % F.)

500 g Quark (0,2 % F.)

Pfeffer aus der Mühle

Paprikapulver, edelsüß

½ Salatgurke

1. Die Hefe in einer großen Schüssel in ca. 100 ml warmem Wasser verrühren, 5 Minuten stehen lassen.

2. Öl, 1 TL Salz und die Hälfte des Mehls zugeben und mit dem Mixer verrühren, 30 Minuten ruhen lassen. Das restliche Mehl einrühren und den Teig auf einer bemehlten Arbeitsfläche gut verkneten. Wenn der Teig klebt, noch Mehl hinzugeben.

3. Den Teig in eine mit Öl ausgefettete Schüssel legen und an einem warmen Ort ca. 1 Stunde gehen lassen, bis sich der Teig etwa verdoppelt hat.

4. Aus je 2 EL Teig eine Kugel formen, mit dem Finger ein Loch in die Mitte bohren.

5. In einem großen Topf ca. 2 Liter Wasser mit dem restlichen Salz zum Kochen bringen und die Bagels vorsichtig von jeder Seite ca. 2 Minuten pochieren (kochen). Danach auf ein Backblech legen.

6. Das Ei mit etwas Wasser mischen und die Bagels damit bestreichen, dann bei 230 °C auf mittlerer Schiene ca. 15 Minuten backen.

7. Den Schinken in grobe Würfel schneiden, mit dem Quark pürieren und mit den Gewürzen abschmecken. Die Gurke waschen und in Scheiben schneiden.

8. Die aufgeschnittenen Bagels mit der Schinkencreme bestreichen, mit der Gurke belegen und die zweite Bagelhälfte auflegen.

Auch zum Frühstück sehr lecker

Brioches

Brioches

Für 20 Stück • Zubereitungszeit: ca. 30 Minuten • Gehzeit: ca. 2 ½ Stunden • Backzeit: ca. 20 Minuten
Pro Stück ca. 140 kcal • 22 g KH • 3 g Fett • 19% Fettkalorien

125 ml Milch (1,5% F.)
30 g Hefe
500 g Mehl
60 g Zucker
3 Eier
50 g Butter
1 Päckchen Citroback
150 g Joghurt
(1,5% F.)

1. Die Milch leicht erwärmen und die Hefe darin auflösen. Nun ⅓ des Mehls zusammen mit dem Zucker, 3 Eiweiß, 2 Eigelb, der Butter und Hefemilch verrühren. Den Teig ½ Stunde an einem warmen Ort zugedeckt stehen lassen.

2. Den Teig mit dem restlichen Mehl, Citroback und Joghurt (zimmerwarm!) gut verkneten und nochmals 2 Stunden gehen lassen. Den Backofen auf 180 °C vorheizen. Ein Blech mit Backpapier auslegen.

3. Aus dem Teig 20 gleich große Kugeln formen, auf das Backblech legen und mit dem restlichen Eigelb bestreichen. Den Teig nochmals kurz gehen lassen, dann auf mittlerer Schiene 20 Minuten backen.

Bayrisches Apfelbrot

Für 20 Stück • Zubereitungszeit: ca. 30 Minuten
Backzeit: ca. 45 Minuten • Zeit zum Durchziehen: 1 1/2 Tage
Pro Stück ca. 300 kcal • 58 g KH • 5 g Fett • 15% Fettkalorien

250 g Rosinen
20 g Cognac
750 g Äpfel
180 g Zucker
750 g getrocknete Feigen
1 TL Backpulver
500 g Vollkornmehl
125 g Haselnüsse
12 g Kakao
1 TL Zimt
1 TL Nelken

1. Die Rosinen mit einer Tasse Wasser und dem Cognac übergießen und abgedeckt über Nacht durchziehen lassen.

2. Die Äpfel waschen, schälen, entkernen und raspeln. Den Zucker über die Äpfel geben und vermischen.

3. Die Feigen in kleine Stücke schneiden. Den Backofen auf 220 °C vorheizen. Eine Kastenform (Länge 22 cm) mit Backpapier auslegen.

4. Die Rosinen mit der Einweichflüssigkeit in die Rührschüssel der Küchenmaschine geben, Äpfel und Feigen dazugeben und kräftig durchrühren.

5. Das mit Backpulver vermischte Mehl, die Nüsse und Gewürze zugeben und untermengen, bis ein fester Teig entstanden ist.

6. Den Teig in die Kastenform füllen und auf mittlerer Schiene backen. Nach 30 Minuten die Backform mit Backpapier abdecken, damit der Kuchen nicht verbrennt.

7. Das noch warme Apfelbrot nach dem Backen in Alufolie einpacken und im Kühlschrank mindestens einen Tag ziehen lassen.

Tipp Probieren Sie das Brot mal dick mit Magerquark und Apfelmus bestrichen.

Auch zum Frühstück sehr lecker

Italienischer Quarkkuchen

Für 12 Stück • Zubereitungszeit: ca. 30 Minuten • Backzeit: ca. 30 Minuten
Pro Stück ca. 145 kcal • 23 g KH • 3 g Fett • 16% Fettkalorien

50 g Sultaninen

100 g gemischte kandierte Früchte

500 g Magerquark

100 g Zucker

1 Päckchen Citroback

4 Eier

60 g Mehl

1 TL Butter

1 EL Paniermehl

1. Die Sultaninen waschen und in Wasser einweichen. Die kandierten Früchte in kleine Würfel schneiden.

2. Den Quark sorgfältig mit Zucker und Citroback verrühren. Die Eier trennen. Die 4 Eigelbe nacheinander einrühren.

3. Die Sultaninen abtropfen lassen, das Mehl und das Backpulver mischen und zu der Quarkcreme rühren. Die Früchtewürfel und die Sultaninen ebenfalls unterrühren. Die Hälfte des Eiweiß zu steifem Schnee schlagen und unter die Masse ziehen.

4. Den Boden einer Springform von 26 cm Ø mit Backtrennpapier bespannen, den Rand mit der Butter einreiben und mit Paniermehl bestreuen. Die Quarkmasse einfüllen.

5. Im vorgeheizten Backofen bei 160 °C etwa 30 Minuten backen lassen. Den Kuchen in der Form abkühlen lassen, vorher den Rand mit einem Messer lösen.

Auch zum Frühstück sehr lecker

Vanillestangerl

Vanillestangerl

Für 55 Stück • Zubereitungszeit: ca. 30 Minuten • Ruhezeit: ca. 2 Stunden • Backzeit: ca. 10 Minuten
Pro Stück ca. 25 kcal • 6 g KH • 1 g Fett • 18 % Fettkalorien

140 g Zucker

2 Päckchen Vanillezucker

Salz

4 Eigelb

1 Ei

120 g Speisestärke

1 Päckchen Vanille-Puddingpulver

1. Den Zucker, den Vanillezucker, das Salz, die Eigelbe und das Ei cremig rühren. Die Speisestärke und das Puddingpulver dazugeben. Alles zu einem glatten Teig verrühren und 2 Stunden ruhen lassen.

2. Den Teig in einen Spritzbeutel mit kleiner Lochtülle füllen. Auf ein mit Backtrennpapier ausgelegtes Backblech etwa 5 cm lange Teigstreifen spritzen.

3. Im vorgeheizten Backofen bei 175 °C auf der zweiten Einschubleiste von unten etwa 10 Minuten backen. Die Stangerl mit dem Papier vom Blech ziehen und abkühlen lassen.

Tipp Wer mag, kann die Stangerl mit einem Guss aus 50 g Vollmilchkuvertüre verzieren. Ist immer noch LOW FETT 30.

Honigkuchen

Für 50 Stück • Zubereitungszeit: ca. 30 Minuten • Backzeit: ca. 30 Minuten
Pro Stück ca. 110 kcal • 20 g KH • 3 g Fett • 21% Fettkalorien

350 g Honig
200 g Halbfettmargarine
120 g feiner Zucker
2 Eier
1 EL Lebkuchengewürz
1 Päckchen Orangeback
2 TL gemahlener Zimt
500 g Weizenmehl
1 Päckchen Backpulver
1 EL Kakao
100 ml Milch (1,5% F.)
150 g gewürfeltes Zitronat
150 g gewürfeltes Orangeat
25 g Belegkirschen
50 g Mandelstifte
1 Eiweiß
1 EL Wasser

1. Den Honig und die Margarine in einem Topf bei mäßiger Hitze mit dem Zucker schmelzen, in eine Rührschüssel geben und abkühlen lassen.

2. Eier, Lebkuchengewürz, Orangeback und Zimt mit den Besen eines Handrührgeräts auf höchster Stufe unter die abgekühlte Honigmasse rühren.

3. Das Mehl mit Backpulver und Kakao mischen, sieben und auf mittlerer Stufe zusammen mit der Milch unter die Honigmasse rühren. Zitronat und Orangeat unter den Teig heben.

4. Den Backofen auf 180°C vorheizen. Ein Backblech mit Backtrennpapier auslegen und den Teig darauf verteilen.

5. Nun 5 x 5 cm große Quadrate auf dem Teig markieren und mit Belegkirschen und Mandelstiften garnieren.

6. Das Eiweiß mit Wasser verrühren und den Teig damit bestreichen. Auf der mittleren Schiene etwa 30 Minuten backen.

Tipp Wer Kalorien und Fett sparen möchte lässt die Mandelstifte einfach weg.

Auch zum Frühstück sehr lecker

Fürs kleine Kaffeekränzchen

Kaffee, Kakao und Tee – dazu Kuchen und Kekse ... zusammen mit den besten Freundinnen der Welt ist der Kaffeeklatsch eindeutig die schönste Tageszeit. Typisch weiblich ... unkompliziert und locker über dies und das zu plaudern, sich Rat zu holen oder liebevolle Tipps zu geben. Rezepte tauschen gehört übrigens auch dazu ... vielleicht ist ja das richtige hier dabei!

Johannisbeerplätzchen

Für 30 Stück • Zubereitungszeit: ca. 1 Stunde • Kühlzeit: ca. 30 Minuten • Backzeit: ca. 20 Minuten
Pro Stück ca. 75 kcal • 14 g KH • 2 g Fett • 19% Fettkalorien

250 g Mehl

2 TL Backpulver

125 g Zucker

1 Msp. Salz

1 Päckchen Citroback

1 Ei

100 g Halbfettmargarine

100 g Johannisbeergelee

50 g Puderzucker

1. Das Mehl mit dem Backpulver in eine Rührschüssel sieben. Zucker, Salz, Citroback, Ei und Margarine hinzufügen. Mit dem Knethaken des Handrührgerätes gut durcharbeiten. Dann mit der Hand zu einem glatten Teig verkneten. Den Teig für 30 Minuten kalt stellen.

2. Den Teig dünn auf der bemehlten Arbeitsfläche ausrollen. Mit einer runden Form (8 cm Ø) Plätzchen ausstechen. Die Hälfte der Plätzchen werden zu Deckeln und müssen durch eine kleinere Form (z. B. die Spritztülle) mit Löchern versehen werden.

3. Die Plätzchen auf zwei mit Backtrennpapier ausgelegte Backbleche setzen und im vorgeheizten Ofen auf der Mittelschiene nacheinander etwa 10 Minuten backen.

4. Die ungelochten Plätzchen mit Gelee bestreichen, die anderen als Deckel daraufsetzen. Mit Puderzucker bestäuben.

Fürs kleine
Kaffeekränzchen

Stapelplätzchen

Für 30 Stück • Zubereitungszeit: ca. 45 Minuten • Kühlzeit: ca. 1 Stunde • Backzeit: ca. 10 Minuten
Pro Stück ca. 100 kcal • 15 g KH • 3 g Fett • 27% Fettkalorien

125 g Magerquark
3 EL Walnussöl
1 Ei
100 g Zucker
1 EL Vanillezucker
1 Päckchen Orangeback
200 g Mehl
60 g Speisestärke
1 TL Backpulver
50 g gemahlene Mandeln
50 g gemahlene Pistazien
150 g Himbeerkonfitüre
50 g Puderzucker

1. Den abgetropften Quark mit Öl, Ei, Zucker, Vanillezucker und Orangeback verrühren. Mehl, Stärke, Backpulver, Mandeln und Pistazien dazugeben und alles miteinander verkneten. Eine Stunde kalt stellen.

2. Den Teig auf einer bemehlten Arbeitsfläche noch einmal durchkneten und etwa 3 mm dünn ausrollen. Plätzchen in drei verschiedenen Größen von 3 cm, 2 cm und 1 cm Ø ausstechen. Auf ein mit Backtrennpapier ausgelegtes Backblech legen und im vorgeheizten Backofen bei 175 °C etwa 10 Minuten goldgelb backen. Abkühlen lassen.

3. Die Konfitüre glatt rühren, die großen und die mittleren Plätzchen damit bestreichen, dabei einen Rand frei lassen, und alle Plätzchen zu Terrassen zusammensetzen. Konfitüre antrocknen lassen und mit Puderzucker bestäuben.

Zuckerplätzchen (o.), Stapelplätzchen (u.)

Zuckerplätzchen

Für 50 Stück • Zubereitungszeit: ca. 40 Minuten • Kühlzeit: ca. 1 Stunde • Backzeit: ca. 15 Minuten
Pro Stück ca. 35 kcal • 6 g KH • 1 g Fett • 26 % Fettkalorien

125 g Mehl

1/2 TL Backpulver

1 Päckchen Citroback

1 Vanilleschote

100 g Speisestärke

75 g Puderzucker

40 g Butter

1 Ei

2 EL Schmand

1 Eigelb

2 EL Kondensmilch (4 % F.)

3 EL Hagelzucker

1. Das Mehl mit dem Backpulver in eine Schüssel sieben, Citroback, ausgekratztes Vanillemark, Speisestärke und Puderzucker dazugeben.

2. Die Butter in kleinen Flöckchen daraufsetzen. Alles zusammen mit dem Ei und dem Schmand schnell zu einem Teig verkneten. Mindestens 1 Stunde kalt stellen.

3. Das Eigelb und die Kondensmilch verrühren und beiseite stellen. Den Mürbeteig auf einer bemehlten Arbeitsfläche etwa 3 mm dünn ausrollen. Mit einer Blumenform Plätzchen ausstechen.

4. Die Plätzchen auf ein mit Backpapier ausgelegtes Backblech setzen. Mit dem Eigelbguss bestreichen und mit Hagelzucker bestreuen. Im vorgeheizten Backofen bei 200 °C etwa 15 Minuten backen.

Aprikosenhäufchen

Für 40 Stück • Zubereitungszeit: ca. 35 Minuten • Backzeit: ca. 15 Minuten
Pro Stück ca. 50 kcal • 9 g KH • 2 g Fett • 27 % Fettkalorien

140 g getrocknete Aprikosen
4 EL Apricot Brandy
2 EL Öl
30 g Butter
100 g Zucker
1 Päckchen Vanillezucker
1 Ei
140 g Mehl
½ TL Natron
Salz
½ TL gemahlener Zimt
2 geh. EL Weizenkeime
50 g Aprikosenkonfitüre

1. Die Aprikosen in etwa ½ cm große Würfel schneiden und in dem Brandy einweichen. Das Öl, die weiche Butter, den Zucker, den Vanillezucker und das Ei schaumig rühren.

2. Das Mehl, das Natron, das Salz, den Zimt und die Weizenkeime vermischen und unter die Buttermasse rühren. Die Konfitüre und ⅔ der Aprikosenwürfel unterrühren.

3. Ein Backblech mit Backtrennpapier auslegen, Backofen auf 175 °C vorheizen. Mit 2 Teelöffeln kleine Häufchen auf das Backblech setzen, dabei Abstand halten.

4. Die Häufchen mit den übrigen Aprikosenwürfeln bestreuen und etwa 15 Minuten goldbraun backen.

Orangenzungen

Fürs kleine
Kaffeekränzchen

Orangenzungen

Für 50 Stück • Zubereitungszeit: ca. 30 Minuten • Ruhezeit: ca. 3 Stunden • Backzeit: ca. 15 Minuten
Pro Stück ca. 50 kcal • 11 g KH • 1 g Fett • 18% Fettkalorien

4 Eier
2 Eigelb
300 g Zucker
1 Päckchen Vanillezucker
1 Päckchen Citroback
1 Päckchen Orangeback
75 g Orangeat
200 g Mehl

1. Die Eier, die Eigelbe, den Zucker und den Vanillezucker cremig rühren. Citro- und Orangeback dazugeben. Orangeat sehr fein würfeln und mit dem Mehl unterrühren.

2. Ein Backblech mit Trennpapier auslegen. Den Teig in einen Spritzbeutel füllen und längliche Zungen auf das Blech spritzen.

3. Die Plätzchen 3 Stunden ruhen lassen. Dann bei 180 °C etwa 15 Minuten backen.

Mohn-Pfirsich-Kranz

Für 16 Stück • Zubereitungszeit: ca. 35 Minuten • Backzeit: ca. 50 Minuten
Pro Stück ca. 211 kcal • 30 g KH • 6 g Fett • 26 % Fettkalorien

1 Apfel
1 EL Zitronensaft
4 Pfirsichhälften (Dose)
350 g Mehl
1 Päckchen Backpulver
150 g Zucker
1 Päckchen Vanillezucker
4 Eier
75 g Joghurt, 1,5 % F.
100 g Halbfettmargarine
150 ml Milch, 1,5 % F.
30 g Mohnsamen
2 EL Puderzucker

1. Den Apfel schälen, entkernen und grob raspeln, mit Zitronensaft beträufeln. Die Pfirsiche abtropfen lassen und in Spalten schneiden.

2. Mehl in eine Schüssel sieben, mit Backpulver, Zucker und Vanillezucker vermischen. Eier, Joghurt, Halbfettmargarine und Milch zugeben und alles mit dem Handrührgerät gut vermischen. Den Backofen auf 180 °C vorheizen.

3. Die Teigmenge halbieren, unter die eine Hälfte den geraspelten Apfel heben, unter die andere Hälfte den Mohn ziehen. Den Apfelteig in eine Springform mit Rohrbodeneinsatz (Ø 26 cm) füllen, Mohnteig darauf verstreichen und die Pfirsichspalten darauf verteilen. Den Kuchen in den Ofen schieben, etwa 50 Minuten backen.

4. Kuchen in der Form etwas abkühlen lassen, aus der Form lösen, auf einen Kuchenrost stürzen, erkalten lassen und vor dem Servieren mit Puderzucker bestäuben.

Fürs kleine Kaffeekränzchen

Schwarz-Weiß-Gebäck

Für 45 Stück • Zubereitungszeit: ca. 45 Minuten • Kühlzeit: ca. 30 Minuten • Backzeit: ca. 15 Minuten
Pro Stück ca. 50 kcal • 8 g KH • 3 g Fett • 28% Fettkalorien

250 g Mehl
1 TL Backpulver
170 g Zucker
1 Päckchen Vanillezucker
2 EL Rum
1 Ei
1 Eiweiß
100 g Halbfettmargarine
1 EL Kakao
1 EL Milch

1. Das Mehl mit dem Backpulver in eine Schüssel sieben. In die Mitte eine Vertiefung drücken. 150 g Zucker, Vanillezucker, den Rum und das Ei in die Vertiefung geben.

2. Die kalte Margarine in Flöckchen auf das Mehl geben. Alles mit dem Knethaken des Handrührgerätes zu einem glatten Teig verarbeiten und 30 Minuten kalt stellen.

3. Den Kakao mit dem restlichen Zucker und der Milch verrühren. Unter die Hälfte des Teiges kneten. Den dunklen Teig zu einer Rolle formen, den hellen Teig ausrollen und um die dunkle Teigrolle legen. Die Rolle in etwa 4 mm dicke Scheiben schneiden.

4. Die Plätzchen auf ein mit Backtrennpapier ausgelegtes Blech setzen. Auf der mittleren Schiene bei 200 °C etwa 15 Minuten backen.

Schwarz-Weiß-Gebäck

Früchte-Gugelhupf

Für 20 Stück • Zubereitungszeit: ca. 20 Minuten • Backzeit: ca. 70 Minuten
Pro Stück ca. 254 kcal • 49 g KH • 5 g Fett • 17 % Fettkalorien

1 Glas Sauerkirschen (680 ml)
1 Dose Mandarin-Orangen (314 ml)
150 g Halbfettbutter
250 g Zucker
1 Päckchen Vanillezucker
500 g Mehl
1 Päckchen Backpulver
4 Eier
10 Tropfen Bittermandelöl
350 ml Buttermilch
1 EL Paniermehl
250 g Puderzucker
5–6 EL Zitronensaft

1. Das Obst abtropfen lassen. Fett, Zucker und Vanillezucker schaumig rühren. Den Backofen auf 180 °C vorheizen.

2. Das Mehl (bis auf 2 EL) mit dem Backpulver mischen und nach und nach, abwechselnd mit den Eiern, unterrühren. Buttermilch und Backöl zufügen und alles zu einem glatten Teig verarbeiten.

3. Die Kirschen in 1–2 EL Mehl wenden und mit den Mandarinen unter den Teig heben. Eine Gugelhupfform (ca. 2 l Inhalt) fetten, mit Paniermehl ausstreuen und den Teig einfüllen.

4. Den Kuchen etwa 70–80 Minuten backen. Auf einen Kuchenrost stürzen und vollständig auskühlen lassen. Puderzucker mit Zitronensaft glattrühren und den Kuchen mit dem Zuckerguss überziehen.

Fürs kleine
Kaffeekränzchen

Gugelhupf mit Eierlikör

Gugelhupf mit Eierlikör

Für 16 Stück • Zubereitungszeit: ca. 20 Minuten • Backzeit: ca. 50 Minuten
Pro Stück ca. 215 kcal • 34 g KH • 6 g Fett • 26 % Fettkalorien

2 Eier

200 g Zucker

2 Päckchen Vanillezucker

150 g Halbfettmargarine

100 g Joghurt, 1,5 % F.

¼ l Eierlikör

125 g Mehl

125 g Speisestärke

1 Päckchen Backpulver

½ TL Natron

2 Eiweiß

1 TL Sonnenblumenöl

2 EL Puderzucker

1. Den Backofen auf 175 °C vorheizen. Eier, Margarine, Zucker und Vanillezucker schaumig rühren.

2. Mehl, Speisestärke, Backpulver und Natron mischen und abwechselnd mit dem Joghurt und dem Eierlikör unter die Eimasse rühren.

3. Das Eiweiß steif schlagen und unter den Teig heben.

4. Eine Gugelhupfform mit dem Öl einfetten, den Teig einfüllen und etwa 50 Minuten backen. Stäbchenprobe machen.

5. Den Kuchen 10 Minuten in der Form auskühlen lassen und stürzen. Den völlig ausgekühlten Gugelhupf kurz vor dem Servieren mit dem Puderzucker bestäuben.

Makronen mit Kokos

Für 40 Stück • Zubereitungszeit: ca. 20 Minuten • Ruhezeit: ca. 30 Minuten • Backzeit: ca. 20 Minuten
Pro Stück ca. 40 kcal • 8 g KH • 1 g Fett • 11 % Fettkalorien

4 Eiweiße

Salz

1 TL Citroback

200 g Zucker

200 g gemahlener Kokos-Zwieback (z. B. von Brandt)

1. Die Eiweiße zusammen mit Salz und Citroback sehr steif schlagen. Danach weiterrühren und den Zucker langsam einrieseln lassen. Den gemahlenen Kokoszwieback unterheben und die Masse etwa 30 Minuten ruhen lassen.

2. Den Backofen auf 175 °C vorheizen. Ein Backblech mit Backpapier auslegen. Mit 2 Teelöffeln kleine Häufchen daraufsetzen.

3. Die Makronen etwa 20 Minuten auf der mittleren Schiene backen. Auf einem Kuchengitter abkühlen lassen.

Tipp Wer mag kann die Masse auch auf Oblaten setzen.

Haferflockenmakronen

Für 50 Stück • Zubereitungszeit: ca. 20 Minuten • Backzeit: ca. 20 Minuten
Pro Stück ca. 50 kcal • 9 g KH • 2 g Fett • 27 % Fettkalorien

250 g brauner Zucker

50 g Butter

2 Eier

1 Päckchen Vanillezucker

250 g Haferflocken

1 EL Kakao

1. Zucker, Butter, Eier und Vanillezucker in einer Rührschüssel schaumig schlagen. Haferflocken mit Kakao mischen, dazugeben und unterrühren.

2. Den Backofen auf 175 °C vorheizen. Ein Backblech mit Backpapier auslegen. Mit 2 Teelöffeln kleine Häufchen der Haferflockenmasse daraufsetzen und diese auf der mittleren Schiene etwa 20 Minuten backen.

3. Die Makronen auf einem Kuchengitter abkühlen lassen.

Fürs kleine Kaffeekränzchen

Schneller Bienenstich

Für 30 Stück • Zubereitungszeit: ca. 10 Minuten • Backzeit: ca. 20 Minuten
Pro Stück ca. 80 kcal • 14 g KH • 1 g Fett • 11 % Fettkalorien

Für den Teig:
½ l Buttermilch
4 Eier
400 g Mehl
300 g Zucker
1 Päckchen Backpulver

Zum Bestreuen:
100 g Kokosraspel
50 g Zucker

1. Den Backofen auf 180 °C vorheizen. Ein Backblech mit Backpapier belegen. Die Zutaten für den Teig gut miteinander verrühren.

2. Den Teig auf das Backpapier streichen. Kokosraspel und Zucker vermischen und auf den Teig streuen.

3. Den Bienenstich im heißen Ofen auf der mittleren Schiene etwa 20 Minuten backen.

Schneller Bienenstich

Quark-Grieß-Auflauf

Für 4 Personen • Zubereitungszeit: ca. 30 Minuten • Backzeit: ca. 1 Stunde
Pro Portion ca. 770 kcal • 98 g KH • 20 g Fett • 23 % Fettkalorien

1 l Milch (1,5 % F.)
2 Prisen Salz
80 g Grieß
500 g Magerquark
6 Eier
120 g Zucker
abger. Schale von 1 Zitrone
2 EL Zitronensaft
einige Tropfen Butteraroma
40 g Butter
40 g gem. Mandeln
2 Dosen Aprikosen
(à 400 g Einwaage)

1. Die Milch mit dem Salz zum Kochen bringen. Den Grieß einstreuen und unter ständigem Rühren etwa 5 Minuten bei schwacher Hitze ausquellen und dann abkühlen lassen.

2. Den Quark in eine Schüssel geben, die Eier trennen und die Eigelbe zum Quark geben. Zucker, Zitronenschale und -saft sowie das Butteraroma dazugeben.

3. Alles mit dem Schneebesen des elektrischen Rührgerätes gut verrühren, dann den Grießbrei unterrühren.

4. Die Eiweiße steif schlagen und unter den Quark-Grieß heben. Die Masse in eine Auflaufform füllen.

5. Die Butter zerlassen und mit den Mandeln mischen, die Mischung auf der Quarkmasse verstreichen.

6. Den Auflauf im vorgeheizten Backofen bei 160 °C 50 bis 60 Minuten backen. Die Aprikosen abtropfen lassen und zum Auflauf servieren.

Tipp Dieser Auflauf schmeckt auch kalt sehr gut. Als Variante können Sie den Quark-Grieß-Auflauf mit einem geschälten und geraspelten Apfel verfeinern.

Fürs kleine Kaffeekränzchen

Sahnewaffeln
mit Orangenquark

Für 8 Stück • Zubereitungszeit: ca. 30 Minuten
Pro Stück ca. 293 kcal • 44 g KH • 7 g Fett • 22 % Fettkalorien

300 g saure Sahne

100 g Zucker

1 Päckchen Vanillezucker

1 Päckchen Dr. Oetker Finesse Orangenfrucht

1 Prise Salz

3 Eier

250 g Weizenmehl

1 gestrichener TL Backpulver

1 TL Sonnenblumenöl

Puderzucker zum Bestäuben

250 g Magerquark

30 g Zucker

3 EL Mineralwasser

1. Das Waffeleisen auf höchster Stufe vorheizen. Das Mehl mit dem Backpulver mischen und sieben.

2. Die saure Sahne mit dem Zucker, dem Vanillezucker, 1/2 Päckchen Orangenfrucht und Salz in eine Rührschüssel geben und mit einem Handrührgerät verrühren. Jedes Ei etwa 1/2 Minute auf höchster Stufe unterrühren. Die Mehl-Backpulvermischung kurz auf niedrigster Stufe unterrühren.

3. Das Waffeleisen auf mittlere Temperatur zurückschalten und leicht fetten. Den Teig in kleinen Portionen einfüllen und bei mittlerer Hitze goldbraune Waffeln backen.

4. Die Waffeln einzeln auf einem Kuchenrost erkalten lassen, dann mit Puderzucker bestäuben.

5. Den Quark mit Zucker, der restlichen Orangenfrucht und dem Mineralwasser verrühren und zu den Waffeln servieren.

Fürs kleine Kaffeekränzchen

Marzipanwaffeln

Für 10 Stück • Zubereitungszeit: ca. 20 Minuten
Pro Stück ca. 205 kcal • 208 g KH • 7 g Fett • 29% Fettkalorien

300 ml Milch (1,5% F.)
200 g Marzipanrohmasse
2 Eier
50 g Zucker
1 Prise Salz
200 g Mehl
Backspray zum Einfetten

1. 100 ml Milch erhitzen, das in kleine Stückchen geschnittene Marzipan zufügen und unter Rühren mit dem Schneebesen des Handrührgeräts auflösen.

2. Die restliche Milch, die Eier, Salz und Zucker zugeben und leicht schaumig schlagen. Das Mehl darübersieben und gut unterrühren.

3. Im leicht gefetteten Waffeleisen nacheinander alle Waffeln „hell" ausbacken. Mit Puderzucker bestäuben.

Marzipanwaffeln

Rührkuchen mit Ananasfüllung

Für 16 Stück • Zubereitungszeit: ca. 35 Minuten • Backzeit: ca. 50 Minuten
Pro Stück ca. 132 kcal • 22 g KH • 4 g Fett • 27% Fettkalorien

Für den Teig:

150 g Mehl

2 gestr. TL Backpulver

2 Päckchen Puddingpulver Vanille

120 g Zucker

1 Prise Salz

2 Eier

120 g Halbfettmargarine

125 ml Buttermilch

Für die Füllung:

1 Dose Ananas-Stücke, 200 g Abtropfgewicht

1 Päckchen Tortenguss, klar

2 EL Puderzucker zum Bestäuben

1. Den Backofen auf 180 °C vorheizen. Das Mehl in eine Schüssel sieben, mit Backpulver, Puddingpulver, Zucker und Salz vermischen. Eier, Halbfettmargarine und Buttermilch zugeben und alles mit dem Handrührgerät gut vermischen.

2. Den Teig in eine Kastenform (25 cm) füllen und glatt streichen. Den Kuchen in etwa 40 Minuten backen. In der Zwischenzeit die Ananasstücke abtropfen lassen.

3. Den Kuchen in der Form etwas abkühlen lassen, aus der Form lösen, auf einen Kuchenrost stürzen, erkalten lassen und einmal waagerecht durchschneiden.

4. Den Tortenguss gemäß Packungsanleitung mit dem Ananassaft anrühren und kurz aufkochen. Die Ananasstücke zugeben und kurz mitkochen.

5. Die Ananasmasse auf die untere Hälfte des Kuchens geben, die obere Hälfte daraufsetzen und vor dem Servieren mit Puderzucker bestäuben.

Fürs kleine Kaffeekränzchen

Kipferl

Kipferl

Für 45 Stück • Zubereitungszeit: ca. 1 Stunde • Kühlzeit: ca. 1 Stunde • Backzeit: ca. 10 Minuten
Pro Stück ca. 80 kcal • 14 g KH • 3 g Fett • 28 % Fettkalorien

50 g gemahlene Mandeln

450 g Mehl

100 g Butter

250 g Puderzucker

100 g Vanillejoghurt

1 Päckchen Vanillezucker

1 Vanilleschote

1. Die gemahlenen Mandeln mit dem Mehl, der Butter, 200 g Puderzucker, dem Vanillejoghurt, dem Vanillezucker und dem ausgekratzten Mark der Vanilleschote rasch zu einem Teig verkneten und für 1 Stunde kalt stellen.

2. Aus dem Teig dünne Rollen formen, in etwa 5 cm lange Stücke schneiden und diese zu Kipferl formen.

3. Die Kipferl auf ein mit Backtrennpapier ausgelegtes Backblech legen und im vorgeheizten Backofen bei 180 °C auf der mittleren Schiene etwa 10 Minuten backen.

4. Zum Schluss die noch heißen Vanillekipferl mit dem restlichen Puderzucker reichlich bestäuben.

Unsere Highlights: Muffins

Noch so eine Küchen-Besonderheit aus Amerika: Der Muffin. Klein, handlich, genau die richtige Menge für die Tasse Kaffee zwischendurch ... eignet er sich immer zum Einfrieren und damit für jede Büro-Naschkatze.

Muffins mit Marmelade

Für 12 Stück • Zubereitungszeit: ca. 15 Minuten • Backzeit: ca. 20 Minuten
Pro Stück ca. 208 kcal • 29 g KH • 5 g Fett • 22 % Fettkalorien

280 g Mehl
1 EL Grieß
50 g Zucker
1 EL Backpulver
½ TL Natron
½ TL Salz
60 g Butter
1 Ei
280 g Joghurt (1,5 % F.)
60 ml Milch (1,5 % F.)
1 Päckchen Vanillezucker
140 g Himbeermarmelade
2 EL Puderzucker

1. Den Ofen auf 200 °C vorheizen. Die 12 Vertiefungen eines Muffinsblechs mit Papierförmchen auslegen.

2. Mehl und Grieß in eine Schüssel geben. Zucker, Backpulver, Natron und Salz dazugeben und alles gründlich miteinander verrühren.

3. Die Butter zerlassen und in eine große Schüssel geben. Das Ei hineinschlagen und gründlich unterrühren. Joghurt und Milch hinzufügen und das Ganze gründlich verrühren.

4. Die Mehlmischung nach und nach dazugeben und das Ganze so lange verrühren, bis das Mehl ganz untergearbeitet und ein glatter Teig entstanden ist.

5. Die Hälfte des Teigs gleichmäßig in die Muffinsformen verteilen, sodass diese halb gefüllt sind. Jeweils 1 Teelöffel Marmelade auf die Mitte der Teigfüllung geben und dann das Ganze mit dem restlichen Teig bedecken.

6. Die gefüllten Muffins auf der mittleren Schiene in 15 bis 20 Minuten backen, bis sie leicht bräunlich gefärbt sind. Sie dann aus den Formen entfernen und auf einem Gitterrost abkühlen lassen. Zum Schluss auf die abgekühlten Muffins Puderzucker sieben.

Unsere Highlights: Muffins

Muffins mit Marmelade

Zitronenmuffins

Für 12 Stück • Zubereitungszeit: ca. 10 Minuten • Backzeit: ca. 30 Minuten
Pro Stück ca. 219 kcal • 40 g KH • 5 g Fett • 21 % Fettkalorien

100 g Halbfettmargarine

125 g Zucker

1 Päckchen Vanillezucker

3 Eier

1/3 Fläschchen Zitronenaroma

abgeriebene Schale einer Zitrone

200 g Mehl

50 g Speisestärke

1 Prise Salz

1 Päckchen Backpulver

5 EL Milch, 1,5 % F.

150 g Puderzucker

2–3 EL Zitronensaft

1. Die Margarine schaumig rühren, den Zucker, den Vanillezucker und die Eier abwechselnd zugeben. Zitronenaroma und Zitronenschale unterrühren. Mehl, Speisestärke, Salz und Backpulver mischen und zusammen mit der Milch in die Schaummasse rühren.

2. Den Teig gleichmäßig auf 12 Muffinförmchen verteilen und im vorgeheizten Backofen bei 180 °C ca. 25–30 Minuten backen.

3. Den Puderzucker mit dem Zitronensaft glatt rühren und die abgekühlten Muffins damit verzieren.

Aprikosen-Haferflocken-Muffins

Für 18 Stück • Zubereitungszeit: ca. 15 Minuten • Backzeit: ca. 25 Minuten
Pro Stück ca. 130 kcal • 24 g KH • 2 g Fett • 14% Fettkalorien

150 g reife Aprikosen
140 g Zucker
2 TL Backpulver
1 Prise Salz
2 Eier
400 g Joghurt (1,5% F.)
260 g Weizen-Vollkornmehl
100 g Haferflocken

1. Den Backofen auf 180 °C vorheizen und das Muffinblech mit Papierförmchen auslegen. Die Aprikosen waschen, trocknen, entsteinen und in rosinengroße Stücke schneiden.

2. Den Zucker, das Backpulver, Salz, die Eier und den Joghurt gut miteinander verrühren, bis sich der Zucker aufgelöst hat. Das Mehl und die Haferflocken unterrühren und die Aprikosenstückchen unterheben.

3. Den Teig gleichmäßig auf die Muffinförmchen verteilen und auf mittlerer Schiene 25 Minuten backen.

Tipp Wenn Sie statt frischer Aprikosen getrocknete verwenden, dann weichen Sie diese ca. 2 Stunden vorher in Wasser, mit 1 Päckchen Rumaroma versetzt, ein.

Frühstücksmuffins

Für 12 Stück • Zubereitungszeit: ca. 10 Minuten • Backzeit: ca. 25 Minuten
Pro Stück ca. 128 kcal • 24 g KH • 3 g Fett • 18% Fettkalorien

12 Papierförmchen
1 Ei
80 g Zucker
1 Päckchen Vanillezucker
50 g Halbfettmargarine
150 g Joghurt, 1,5 % F.
175 g Mehl
75 g Speisestärke
1 gehäufter TL Backpulver
½ TL Natron

1. Den Backofen auf 200 °C vorheizen. Die Papierförmchen in die 12 Vertiefungen eines Muffinblechs setzen.

2. Das Ei in einer Schüssel mit dem Zucker und der Margarine schaumig rühren, den Joghurt zufügen. Das Mehl, die Speisestärke, das Backpulver und das Natron gut mischen und unterrühren.

3. Den Teig in die Muffinformen füllen und im Backofen ca. 25 Minuten goldbraun backen. Die Muffins nach dem Backen noch 10 Minuten im Blech lassen, dann aus den Vertiefungen nehmen und auf einem Kuchenrost auskühlen lassen.

Tipp Die Frühstücksmuffins schmecken pur oder mit Quark und Marmelade.

Beerenmuffins

Für 12 Stück • Zubereitungszeit: ca. 15 Minuten • Backzeit: ca. 20 Minuten
Pro Stück ca. 194 kcal • 36 g KH • 4 g Fett • 16 % Fettkalorien

1 Ei
150 g Zucker
1 Päckchen Vanillezucker
1 Prise Salz
75 g Halbfettmargarine
300 ml Buttermilch
300 g Mehl
2 TL Backpulver
½ TL Natron
150 g TK-Himbeeren oder -Erdbeeren
Puderzucker zum Bestäuben

1. Ei, Zucker, Vanillezucker, Salz und Margarine cremig rühren. Die Buttermilch unter Rühren nach und nach zufügen. Das Mehl bis auf 2 EL, das Backpulver und das Natron mischen und kurz unterrühren.

2. Die Beeren unaufgetaut mit 2 EL Mehl bestäuben und unter den Teig heben.

3. Ein Muffinblech mit Papierförmchen auslegen, den Teig gleichmäßig darin verteilen. Im vorgeheizten Backofen bei 200 °C ca. 20–25 Minuten backen. Die abgekühlten Muffins mit Puderzucker bestäuben.

Beerenmuffins

Mandelmuffins

Für 12 Stück • Zubereitungszeit: ca. 20 Minuten • Backzeit: ca. 20 Minuten
Pro Stück ca. 180 kcal • 30 g KH • 5 g Fett • 25% Fettkalorien

FÜR DEN TEIG:

40 g Halbfettmargarine
1 Ei
200 g Joghurt, 1,5% F.
8 Tropfen Mandelaroma
260 g Mehl
80 g Zucker
1 Päckchen Vanillezucker
2 TL Backpulver
½ TL Natron

FÜR DIE STREUSEL:

2 EL Halbfettmargarine
40 g Mehl
50 g brauner Zucker
50 g gehackte Mandeln

1. Die Margarine zerlassen, mit dem Ei, dem Joghurt und dem Mandelaroma gut verrühren.

2. Das Mehl, den Zucker, den Vanillezucker, das Backpulver und das Natron gut vermischen, die flüssigen Zutaten zufügen und zügig unterrühren.

3. Den Backofen auf 200 °C vorheizen und ein Muffinblech mit Papierförmchen auslegen. Den Teig mit einem Esslöffel gleichmäßig auf die Förmchen verteilen.

4. Für die Streusel die Margarine zerlassen, das Mehl, den Zucker und die Mandeln zufügen und alles zu Krümeln vermengen. Die Streusel gleichmäßig auf dem Teig verteilen.

5. Die Muffins im Backofen auf der mittleren Schiene ca. 20 Minuten backen. Aus dem Ofen nehmen und noch 10 Minuten im Blech abkühlen lassen. Dann aus den Vertiefungen nehmen und auf einem Gitterrost abkühlen lassen.

Unsere Highlights: Muffins

Möhrenmuffins

Für 12 Stück • Zubereitungszeit: ca. 15 Minuten • Backzeit: ca. 30 Minuten
Pro Stück ca. 182 kcal • 34 g KH • 4 g Fett • 20 % Fettkalorien

2 Eier
100 g Zucker
60 g Halbfettmargarine
150 g Mehl
2 TL Backpulver
½ TL Natron
250 g geraffelte Möhren
100 g Haferflocken
evt. 2–3 EL Milch, 1,5 % F.
125 g Puderzucker
2 EL Orangensaft

1. Den Backofen auf 180 °C vorheizen. Die Papierförmchen in die 12 Vertiefungen eines Muffinblechs setzen.

2. Die Eier mit dem Zucker und der Margarine schaumig rühren. Das Mehl mit dem Backpulver und dem Natron mischen und unterrühren. Die Möhren und die Haferflocken zufügen, falls der Teig zu trocken ist, noch etwas Milch unterrühren.

3. Den Teig in die Muffinformen füllen und im Backofen ca. 30 Minuten backen.

4. Für den Guss den Puderzucker mit dem Orangensaft verrühren und auf die abgekühlten Muffins streichen.

| Mandelmuffins |

Kirschmuffins

Für 12 Stück • Zubereitungszeit: ca. 20 Minuten • Backzeit: ca. 20 Minuten
Pro Stück ca. 158 kcal • 26 g KH • 4 g Fett • 24 % Fettkalorien

12 Papierförmchen
200 g Kirschen, entkernt
80 g Zucker
250 g Mehl
2 TL Backpulver
½ TL Natron
1 Prise Salz
50 g Halbfettmargarine
1 Ei
200 g saure Sahne
1 Päckchen Vanillezucker
2 EL brauner Zucker

1. Den Backofen auf 200 °C vorheizen. Die Papierförmchen in die 12 Vertiefungen eines Muffinblechs setzen.

2. Die Kirschen in kleine Stücke schneiden, einige ganz lassen und zur Garnitur zur Seite legen. Die kleingeschnittenen Kirschen mit 2 EL Zucker in eine Schüssel geben und so verrühren, dass sie ganz mit dem Zucker überzogen sind.

3. Mehl, restlichen Zucker, Backpulver, Natron und Salz in einer Schüssel gut vermischen. Die Margarine zerlassen, das Ei, die saure Sahne und den Vanillezucker unterrühren, zur Mehlmischung geben. Alles gut verrühren, bis das Mehl ganz untergearbeitet ist.

4. Den Teig auf die Muffinförmchen verteilen, mit den restlichen Kirschen garnieren und mit dem braunen Zucker bestreuen.

5. Die Muffins im Backofen auf der mittleren Schiene ca. 20 Minuten backen, bis sie leicht gebräunt sind. Nach dem Backen noch 10 Minuten im Blech lassen, dann aus den Vertiefungen nehmen und auf einem Kuchenrost auskühlen lassen.

Tipp Statt frischer Kirschen können auch gut abgetropfte aus dem Glas verwendet werden. Die Muffins nach Belieben mit Zuckerguss verzieren.

Preiselbeermuffins

Für 12 Stück • Zubereitungszeit: ca. 10 Minuten • Backzeit: ca. 25 Minuten
Pro Stück ca. 124 kcal • 23 g KH • 3 g Fett • 19% Fettkalorien

120 g brauner Zucker

125 g Weizenmehl

50 g Speisestärke

1 TL Backpulver

½ TL Natron

1 TL Zimt

½ TL gemahlene Nelken

75 g saure Sahne

1 Ei

40 g zerlassene Halbfettmargarine

150 g Preiselbeeren aus dem Glas

2 EL Puderzucker

1. Den Backofen auf 180 °C vorheizen. Die Papierförmchen in die 12 Vertiefungen eines Muffinblechs setzen.

2. Die trockenen Zutaten gut mischen. Die saure Sahne, das Ei, die Margarine und die Preiselbeeren unterrühren. Den Teig in die Muffinformen füllen und im Backofen ca. 25 Minuten backen.

3. Nach dem Backen noch 10 Minuten im Blech lassen, dann aus den Vertiefungen nehmen und auf einem Kuchenrost auskühlen lassen.
Die ausgekühlten Muffins mit dem Puderzucker bestreuen.

Unsere
Highlights:
Muffins

Schoko-Bananen-Muffins

Für 12 Stück • Zubereitungszeit: ca. 15 Minuten • Backzeit: ca. 25 Minuten
Pro Stück ca. 197 kcal • 36 g KH • 4 g Fett • 18 % Fettkalorien

12 Papierförmchen
260 g Mehl
2 TL Backpulver
100 g Schokoladenraspel
2 Eier
120 g Zucker
4 EL Joghurt, 1,5 % F.
1 EL Grieß
4 mittelgroße reife Bananen

1. Den Backofen auf 180 °C vorheizen. Die Papierförmchen ins Blech einsetzten. Die Bananen schälen, mit einer Gabel gut zerdrücken. Mehl, Backpulver, Grieß und die Hälfte der Schokoladenraspel mischen.

2. Das Ei schaumig schlagen. Zucker, Joghurt und die Bananen unterrühren. Die Mehlmischung unterheben.

3. Den Teig in die Muffinformen füllen, mit den restlichen Schokoladenraspel bestreuen und im Backofen in ca. 25 Minuten goldbraun backen.

Preiselbeermuffins

Muffins mit Apfelstückchen

Für 12 Stück • Zubereitungszeit: ca. 15 Minuten • Backzeit: ca. 25 Minuten
Pro Stück ca. 155 kcal • 26 g KH • 3 g Fett • 20 % Fettkalorien

12 Papierförmchen
2 Äpfel
75 g Halbfettmargarine
150 g Magerquark
70 g Zucker
1 Päckchen Vanillezucker
1 Ei
250 g Mehl
2 TL Backpulver
1/2 TL Natron
2 EL Hagelzucker

1. Den Backofen auf 200 °C vorheizen. Die Papierförmchen in die 12 Vertiefungen eines Muffinblechs setzen.

2. Die Äpfel schälen und fein würfeln. Die Margarine schaumig rühren, Quark, Zucker und Ei zufügen und verrühren. Mehl mit Backpulver und Natron mischen, unter die Quarkmasse rühren und zum Schluss die Apfelstücke untermengen.

3. Den Teig auf die Muffinförmchen verteilen, mit dem Hagelzucker bestreuen und im Backofen ca. 25 Minuten backen.

4. Nach dem Backen noch 10 Minuten im Blech lassen, dann aus den Vertiefungen nehmen und auf einem Kuchenrost auskühlen lassen.

Unsere Highlights: Muffins

Muffins mit Apfelstückchen

Kartoffel-Lachs-Muffins

Für 12 Stück • Zubereitungszeit: ca. 15 Minuten • Backzeit: ca. 20 Minuten
Pro Stück ca. 136 kcal • 17 g KH • 5 g Fett • 29 % Fettkalorien

12 Papierförmchen
150 g Mehl
100 g Kartoffelpüree Flocken
Pfeffer, Salz, Muskat
1 ½ TL Backpulver
½ TL Natron
300 g Magerjoghurt
100 ml Milch, 1,5 % F.
1 Ei
50 g Halbfettmargarine
100 g Lachs, geräuchert
1 Zucchini, klein
50 g Käse, gerieben

1. Den Backofen auf 200 °C vorheizen. Die Papierförmchen ins Blech einsetzen.

2. Mehl mit Kartoffelpüree, Pfeffer, Salz, Muskat, Backpulver und Natron gut mischen.

3. Den Joghurt in einer zweiten Schüssel mit Milch, Ei und zerlassener Margarine verrühren. Lachs und Zucchini in kleine Würfel schneiden und unter die Eiermischung mengen. Die Mehlmischung zufügen und nur solange rühren, bis die trockenen Zutaten feucht sind.

4. Den Teig in die Muffinformen füllen und mit Käse bestreuen. Im Backofen bei 180 °C ca. 20–25 Minuten backen.

Tipp Servieren Sie dazu Meerrettich-Joghurt.

Gemüsemuffins

Für 12 Stück • Zubereitungszeit: ca. 15 Minuten • Backzeit: ca. 25 Minuten
Pro Stück ca. 113 kcal • 14 g KH • 4 g Fett • 29% Fettkalorien

12 Papierförmchen
½ rote Paprikaschote
2 Frühlingszwiebeln
200 g Mehl
1 geh. TL Backpulver
½ TL Natron
1 TL Paprikapulver, edelsüß
75 g Tilsiter, 30% F., gerieben
1 Ei
50 g Halbfettmargarine
300 g Magerjoghurt
150 g Mais (1 Dose)

1. Den Backofen auf 200 °C vorheizen. Die Papierförmchen ins Muffinblech setzen.

2. Die Paprikaschote putzen, waschen, die Kerne entfernen und in kleine Würfel schneiden. Die Frühlingszwiebeln putzen, waschen und in feine Ringe schneiden. Das Mehl mit dem Backpulver, dem Natron und dem Paprikapulver mischen. Das vorbereitete Gemüse und den Käse zufügen und vermengen.

3. In einer zweiten Schüssel das Ei mit der Margarine, dem Joghurt und dem abgetropften Mais verrühren. Die Mehlmischung zugeben und unterrühren.

4. Den Teig in die Muffinformen füllen und im Backofen ca. 25 Minuten backen.

Unsere Highlights: Muffins

Feines zum Verwöhnen

Torten und Kuchen mit
Gelinggarantie ... köstlich
und trotzdem LOW FETT 30.
Wundervoll für Geburtstagskinder,
als Partygeschenk oder für die
hungrigen Kollegen.
Und wenn Sie´s nicht dazusagen,
dass sie LOW FETT 30 sind, wird´s
keiner merken!

Erdbeerrolle

Für 8 Stück • Zubereitungszeit: ca. 1 Stunde
Backzeit: ca. 20 Minuten • Wartezeit: ca. 8 Stunden
Pro Stück ca. 240 kcal • 35 g KH • 7 g Fett • 26% Fettkalorien

FÜR DIE BISKUITROLLE:
2 Eiweiß
100 g Mehl
125 ml Milch (1,5 % F.)
60 g Zucker

FÜR DIE FÜLLUNG:
125 g Joghurt (1,5 % F.)
125 g Quark (0,2 % F.)
50 g Zucker
250 g Erdbeeren
1½ Päckchen Gelatine
1 Eiweiß

FÜR DEN ÜBERZUG:
150 g Schlagsahne (24 % F.)
50 g Zucker
½ Päckchen Sahnesteif
8 dicke, schöne Erdbeeren

1. Den Backofen auf 175 °C vorheizen. Das Backblech mit Backpapier auslegen. Das Eiweiß steif schlagen. In einer anderen Schüssel das Mehl, die Milch und den Zucker so lange verrühren, bis sich der Zucker auflöst.

2. Das Eiweiß unterheben. Die Masse auf das Backblech gießen und den Teig, falls nötig, geradeziehen. Den Biskuit 30 Minuten auf mittlerer Schiene backen.

3. Den Biskuit aus dem Backofen nehmen, vom Backblech lösen und auf einem Kuchenrost auskühlen lassen. Eine ausreichend lange Kastenform mit Backpapier auslegen.

4. Für die Füllung den Joghurt, Quark und Zucker verrühren; der Zucker muss sich vollständig auflösen. Die Erdbeeren waschen, das Grün entfernen und die Erdbeeren pürieren.

5. Die Gelatine nach Packungsanleitung mit etwas Wasser verrühren, quellen lassen und erwärmen. Die flüssige Gelatine mit den Erdbeeren vermengen, dann mit der Joghurt-Quark-Masse verrühren.

6. Die Masse zügig auf dem Biskuit verteilen, vorsichtig zusammenrollen und in die Kastenform heben (eventuelle Reste noch hineingießen). Die Erdbeerrolle über Nacht ausgelieren lassen.

7. Für den Überzug die Schlagsahne mit dem Zucker und Sahnesteif steif schlagen und die Biskuitrolle damit auf der Servierplatte einstreichen. Die Erdbeeren waschen, halbieren und als Mittelreihe platzieren.

Feines zum Verwöhnen

Amarettini-Makronen

Für 40 Stück • Zubereitungszeit: ca. 25 Minuten • Backzeit: ca. 10 Minuten
Pro Stück ca. 15 kcal • 4 g KH • 0,2 g Fett • 12 % Fettkalorien

150 g Amarettini
3 Eiweiß
Salz
40 Backoblaten (5 cm Ø)

1. Die Amarettini mahlen oder mit dem Mörser fein zerbröseln.

2. Die Eiweiße mit einer Prise Salz steif schlagen. Die Brösel mit dem Eiweiß mischen.

3. Die Backoblaten auf ein mit Backpapier ausgelegtes Backblech setzen und mit 2 Teelöffeln kleine Häufchen von der Eiweißmasse auf die Oblaten setzen.

4. Im vorgeheizten Backofen bei 160 °C auf der mittleren Schiene etwa 10 Minuten backen.

| Erdbeerrolle

Apfel-Sahne-Kuchen

Für 20 Stück • Zubereitungszeit: ca. 1 Stunde
Wartezeit: ca. 1½ Stunden • Backzeit: ca. 1 Stunde
Pro Stück ca. 260 kcal • 48 g KH • 5 g Fett • 19% Fettkalorien

FÜR DEN HEFETEIG:

500 g Mehl

25 g Hefe

50 g Zucker

250 ml warme Milch (1,5% F.)

1 EL Zimt

FÜR DEN BELAG:

1¼ kg Äpfel

100 g Sultaninen

500 g saure Sahne (10% F.)

4 Eier

200 g Zucker

1 Päckchen Bourbon-Vanillezucker

100 g Joghurt (1,5% F.)

1. Für den Hefeteig 200 g von dem Mehl mit der zerbröselten Hefe, dem Zucker und der Milch zu einem flüssigen Teig verrühren. Den Teig zugedeckt an einem warmen Ort etwa 30 Minuten gehen lassen.

2. Wenn der Teig gegangen ist, das restliche Mehl und den Zimt hinzufügen und kräftig durchkneten. Nochmals zudecken und wieder an einem warmen Ort 30 Minuten gehen lassen.

3. Inzwischen für den Belag die Äpfel waschen, schälen, entkernen und in feine Schnitze schneiden. Den Backofen auf 180 °C vorheizen und das Backblech mit Backpapier auslegen.

4. Den Teig auf das Backblech stürzen, eine Hand voll Mehl darüber streuen, damit der Teig nicht an den Fingern klebt. Den Teig gleichmäßig auf dem Blech verteilen.

5. Die Apfelschnitze aufrecht, mit der Biegung nach oben, in den Teig setzen und die Sultaninen darüber streuen.

6. Die saure Sahne, die Eier, den Zucker, Vanillezucker und den Joghurt verquirlen. Diese Masse gleichmäßig über den Kuchen gießen und 1 Stunde backen.

Feines zum Verwöhnen

Aprikosenkuchen

Für 12 Stück • Zubereitungszeit: ca. 25 Minuten • Backzeit: ca. 25 Minuten
Pro Stück ca. 125 kcal • 30 g KH • 2 g Fett • 15 % Fettkalorien

850 g Aprikosen (Dose)
3 Eier
1 Prise Salz
6 EL lauwarmes Wasser
100 g Zucker
1 TL abgeriebene Zitronenschale
150 g Mehl
½ TL Backpulver
1 EL Puderzucker

1. Die Aprikosen in einem Sieb abtropfen lassen. Eine Springform (26 cm Ø) mit Backpapier auslegen. Den Backofen auf 180 °C vorheizen.

2. Die Eier trennen. Die Eiweiße mit dem Salz steif schlagen. Nach und nach den Zucker und die Eigelbe und das lauwarme Wasser einrühren, bis eine feste, cremige Masse entstanden ist.

3. Die Zitronenschale mit dem Mehl und Backpulver mischen und auf die Masse sieben. Vorsichtig mit dem Schneebesen unterheben.

4. Den Teig in die Springform geben und glatt streichen. Die abgetropften Aprikosenhälften darauf verteilen. Den Kuchen auf der mittleren Schiene etwa 25 Minuten backen.

5. Den fertigen Kuchen aus der Springform nehmen, etwas abkühlen lassen und mit Puderzucker bestäuben.

Feines zum
Verwöhnen

Superschneller Käsekuchen

Für 16 Stück • Zubereitungszeit: ca. 15 Minuten • Backzeit: ca. 1 Stunde
Pro Stück ca. 180 kcal • 24 g KH • 3 g Fett • 15 % Fettkalorien

1 kg Magerquark
250 g Sahnequark
3 Eier
200 g Zucker
2 Päckchen Vanillezucker
1 Päckchen Vanillepuddingpulver
1 TL Backpulver
55 g Grieß
1 Dose Aprikosen
(250 g Einwaage)

1. Den Backofen auf 180 °C vorheizen. Den Quark und die Eier in einer Rührschüssel miteinander verrühren. Alle übrigen Zutaten, bis auf die Aprikosen, miteinander vermischen und unter die Quarkmasse heben.

2. Die Hälfte der Quarkmasse in eine mit Backpapier ausgelegte Springform füllen, das Obst darauf verteilen, dann die andere Hälfte darüber geben. Auf der mittleren Schiene etwa 1 Stunde hellbraun backen.

Käsekuchen

Apfelkuchen mit Puddingguss

Ergibt 12 Stück • Zubereitungszeit: ca. 35 Minuten • Backzeit: ca. 50 Minuten
Pro Stück ca. 270 kcal • 41 g KH • 8 g Fett • 27 % Fettkalorien

220 g Mehl

80 g Zucker

2 TL Backpulver

1 Prise Salz

1 Ei

100 g Halbfettmargarine

4 große Äpfel

etwas Zimtpulver

2 Päckchen Vanillepuddingpulver

½ l Milch (1,5 % F.)

80 g Zucker

2 Eier

50 g Mandelblättchen

1. Aus Mehl, Zucker, Backpulver, Salz, Ei und der Margarine einen Mürbeteig herstellen.

2. Den Teig in einer Springform (28 cm Ø) ausrollen und den Rand etwa 3 cm hochziehen. Den Ofen auf 175 °C vorheizen.

3. Die Äpfel schälen, entkernen und in etwa 1 ½ cm große Stücke schneiden. Die Apfelstücke auf dem Mürbeteig verteilen und mit etwas Zimt bestreuen.

4. Das Puddingpulver mit etwas Milch und dem Zucker verrühren. Die restliche Milch in einen Topf geben, aufkochen und das angerührte Puddingpulver hinzufügen. Die Milch nochmals aufkochen, dann von der Kochstelle nehmen, etwas abkühlen lassen und die Eier unterrühren.

5. Die Puddingmasse auf den Äpfeln verteilen und glatt streichen. Die Mandelblättchen darüber streuen.

6. Den Apfelkuchen im heißen Ofen auf der mittleren Schiene 45 bis 50 Minuten backen.

Tipps Nicht jede Apfelsorte eignet sich für Kuchen. Empfehlenswert sind Berlepsch, Boskop, Idared. Halbfettmargarine enthält nur halb so viel Fett wie die herkömmliche Margarine. Auf der Packung steht, dass sie nicht zum Braten und Backen geeignet ist. Dieses Backrezept funktioniert jedoch wunderbar mit Halbfettmargarine.

Feines zum Verwöhnen

Pink-Grapefruit-Torte

Für 16 Stück • Zubereitungszeit: ca. 45 Minuten • Backzeit: ca. 35 Minuten
Kühlzeit: ca. 3 Sunden • Gelierzeit: ca. 1 Stunde
Pro Stück ca. 190 kcal • 33 g KH • 4 g Fett • 17% Fettkalorien

Für den Biskuitteig:

3 Eier
175 g Zucker
1 Päckchen Vanillezucker
175 g Mehl
1 TL Backpulver

Für den Belag:

6 Blatt weiße Gelatine
750 g Speisequark (20% F.)
2 rosa Grapefruit
100 g Pink-Grapefruit-Marmelade
100 g Zucker
2 Eiweiß
1 Päckchen heller Tortenguss

1. Den Backofen auf 175 °C vorheizen. Für den Teig die Eier trennen. Die Eigelbe mit 3 EL Wasser, dem Zucker und dem Vanillezucker schaumig schlagen. Die Eiweiße steif schlagen und auf die Eigelbmasse geben. Das Mehl und das Backpulver darüber sieben und vorsichtig unterheben.

2. Eine Springform von 26 cm Ø mit Trennpapier auslegen und die Teigmasse einfüllen. Auf der mittleren Schiene etwa 35 Minuten backen. Den Boden auskühlen lassen.

3. Für den Belag die Gelatine nach Anweisung in Wasser einweichen. Den Quark, den Saft einer Grapefruit, die Marmelade und den Zucker sorgfältig verrühren. Die Gelatine auflösen und unter die Quarkmasse rühren.

4. Die Eiweiße steif schlagen und vorsichtig unter die Masse heben. Den Biskuitboden mit einem Tortenring umspannen und die Quarkmasse einfüllen, glatt streichen und etwa 3 Stunden in den Kühlschrank stellen.

5. Wenn die Torte nach etwa 1 Stunde zu gelieren beginnt, die zweite Grapefruit sorgfältig schälen und filetieren. Die Oberfläche der Torte mit den Grapefruitfilets verzieren und schließlich mit Tortenguss überziehen.

Feines zum Verwöhnen

Möhrenkuchen

Ergibt 12 Stücke • Zubereitungszeit: ca. 30 Minuten • Backzeit: ca. 45 Minuten
Pro Stück ca. 190 kcal • 30 g KH • 6 g Fett • 28 % Fettkalorien

4 Möhren
Saft von 1 Zitrone
4 Eier
250 g Zucker
3 EL warmes Wasser
1 Msp. Zimt
1 Prise Nelkenpulver
1 TL abgeriebene Zitronenschale
125 g gemahlene Mandeln
100 g Mehl
1 TL Backpulver
1 Prise Salz
1 EL Puderzucker

1. Die Möhren fein raspeln und mit dem Zitronensaft vermischen. Den Backofen auf 180 °C vorheizen.

2. Die Eier trennen. Eigelb mit Zucker und Wasser cremig rühren. Zimt, Nelkenpulver, Zitronenschale dazugeben.

3. Möhren, gemahlene Mandeln und das mit Backpulver gemischte Mehl unterrühren.

4. Das Eiweiß mit Salz steif schlagen. Den Eischnee unter die Teigmasse heben.

5. Den Teig in eine mit Backpapier ausgelegte Springform (26 cm Ø) füllen und glatt streichen. Etwa 45 Minuten auf mittlerer Schiene backen.

6. Den Kuchen auf einem Kuchengitter auskühlen lassen und mit Puderzucker bestreuen.

Möhrenkuchen

Mandelbaisertorte

Für 16 Stück • Zubereitungszeit: ca. 45 Minuten • Kühlzeit: ca. 30 Minuten • Backzeit: ca. 1 Stunde
Pro Stück ca. 260 kcal • 40 g KH • 8 g Fett • 26 % Fettkalorien

Für den Teig:

220 g Mehl
2 TL Backpulver
80 g Zucker
100 g Margarine
1 Ei
1 Prise Salz

Für den Belag:

3 Eier
750 g Magerquark
225 g Zucker
1 ½ Päckchen Mandelpudding
1 Prise Salz
500 ml Milch (1,5 % F.)
einige Tropfen Zitronensaft

Ausserdem:

4 EL Aprikosenmarmelade
1 Limette

1. Für den Teig das Mehl mit dem Backpulver und dem Zucker mischen, die Margarine, das Ei und das Salz dazugeben und alles zu einem glatten Teig verarbeiten. Den Teig 30 Minuten kalt stellen.

2. Den Boden einer Springform von 26 cm Ø mit Trennpapier bespannen, den Rand mit etwas Margarine einreiben. Den Backofen auf 180 °C vorheizen.

3. Für den Belag die Eier trennen. Den Quark, 150 g Zucker, das Puddingpulver, die Eigelbe, das Salz und die Milch sorgfältig verrühren.

4. Den Teig rund ausrollen. Die Springform damit auslegen und den Rand etwas hochdrücken. Den Teigboden mehrmals mit einer Gabel einstechen. Die Quarkmasse auf den Teig geben und glatt streichen. Auf der mittleren Schiene etwa 40 Minuten backen.

5. Die Eiweiße steif schlagen, dabei den restlichen Zucker einrieseln lassen. Zum Schluss den Zitronensaft zugeben. Den Kuchen aus dem Ofen nehmen und den Eischnee darauf verteilen. Weitere 20 Minuten backen.

6. Den Kuchen abkühlen lassen, die Aprikosenmarmelade erwärmen und den Teigrand damit bestreichen. Die Limette heiß abwaschen und in dünne Scheiben schneiden. Die Scheiben halbieren und an den Tortenrand setzen.

Tipp Den Kuchen aus dem Ofen nehmen und unter einer Kuchenhaube abkühlen lassen. So bilden sich schöne Karamelltröpfchen auf der Oberfläche.

Feines zum Verwöhnen

Apfeltarte

Für 10 Personen • Zubereitungszeit: ca. 20 Minuten
Kühlzeit: ca. 1 Stunde • Backzeit: insg. ca. 70 Minuten
Pro Portion ca. 480 kcal • 94 g KH • 10 g Fett • 18 % Fettkalorien

300 g Mehl
100 g Butter
200 g Zucker
1 TL Zimt
2 Eier
2 Eiweiß
2 Päckchen Vanillezucker
2 kg Apfelmus
4 Äpfel mit roter Schale
8 EL Aprikosenkonfitüre
Saft von 1 Zitrone

1. Für den Teig das Mehl auf eine Arbeitsfläche sieben. In die Mitte eine Mulde drücken. Die Butter in Flöckchen, die halbe Menge Zucker, Zimt, die Eier, Eiweiß und den Vanillezucker hineingeben.

2. Alles verkneten bis ein geschmeidiger Teig entsteht. Den Teig 1 Stunde kalt stellen.

3. Den Teig halbieren, auf einer bemehlten Arbeitsfläche je-weils kreisrund (Ø 26 cm) ausrollen, jeden Teigboden in eine Tarteform legen und einen Rand hochdrücken. Das Apfelmus auf die Teige verteilen. Den Backofen auf 190 °C oder bei Umluft auf 170 °C vorheizen.

4. Die Äpfel waschen, entkernen, in feine Scheiben schneiden und auf die beiden Tartes legen. Den restlichen Zucker darauf streuen und nacheinander in 35–40 Minuten auf der mittleren Schiene backen.

5. Die Aprikosenkonfitüre und den Zitronensaft zusammen erhitzen und durch ein Sieb streichen und dünn auf die heißen Tartes verstreichen.

Tipp Die Tartes schmecken heiß und kalt.

Feines zum Verwöhnen

Quarksahne-Kirschtorte mit Eierlikör

Für 12 Stück • Zubereitungszeit: ca. 30 Minuten
Backzeit: ca. 35 Minuten • Kühlzeit: ca. 2 Stunden
Pro Stück ca. 279 kcal • 112 g KH • 8 g Fett • 27% Fettkalorien

Für den Teig:

30 g Halbfettmargarine
70 g Joghurt, 1,5% F.
100 g Zucker
1 Päckchen Vanillezucker
2 Eier
135 g Mehl
1 TL Backpulver
½ TL Natron
1 EL Rum
100 g Schokoladenraspeln

Für die Füllung:

1 Glas Sauerkirschen
(350 g Abtropfgewicht)
2 gestr. EL Speisestärke

Für die Quarksahne:

6 Blatt weiße Gelatine
500 g Cremequark, 0,2% F.
2 EL Zucker
1 Päckchen Vanillezucker
3 Tropfen Backaroma Vanille
100 g Sahne
4–5 EL Eierlikör

1. Den Backofen auf 180 °C vorheizen. Margarine, Joghurt, Zucker, Vanillezucker und die Eier schaumig schlagen. Mehl, Speisestärke, Backpulver und Natron mischen, nach und nach unterrühren. Etwa 2 EL Schokoraspeln beiseite legen, den Rest mit dem Rum unter den Teig mengen.

2. Eine Springform mit Backpapier auslegen, den Teig einfüllen, glatt streichen und ca. 35 Minuten backen.

3. Die Sauerkirschen auf einem Sieb abtropfen lassen, den Saft auffangen. Die Speisestärke mit 5 EL des Saftes glatt rühren. 150 ml Sauerkirschsaft aufkochen, unter Rühren die Stärke hinzufügen und noch einmal aufkochen lassen. Die abgetropften Kirschen untermischen und abkühlen lassen.

4. Einen Tortenring um den ausgekühlten Kuchen legen, die Kirschen darauf verteilen und vollständig auskühlen lassen.

5. Die Gelatine nach Packungsanleitung auflösen. Den Cremequark mit dem Zucker, dem Vanillezucker und dem Backaroma verrühren.

6. Erst ein wenig Quarkmasse unter die aufgelöste Gelatine rühren, dann die Gelatinemischung unter den Quark rühren. Die Masse in den Kühlschrank stellen, bis sie anfängt zu gelieren.

7. Die Sahne steif schlagen, unter den Quark ziehen und auf den Kirschen verteilen. Mit einem Kochlöffelstiel kreisförmig Rillen in die Quarksahne ziehen. Den Eierlikör mit einem Löffel in die Rillen füllen. Den Kuchen bis zum Servieren kühl stellen. Den Tortenring entfernen und die restlichen Schokoladenraspeln auf die Torte streuen.

Feines zum Verwöhnen

Weihnachts- bäckerei

Nie mehr zulegen in der Weihnachtszeit ... das ist endlich möglich. Unsere Weihnachtskekse und Plätzchen verschönern den Advent ... vor allem, weil man sich den Genuss nicht ständig von den Gedanken um die Figur verderben lassen muss.

Nürnberger Lebkuchen

Für 50 Stück • Zubereitungszeit: ca. 1 Std. • Backzeit: ca. 30 Minuten
Pro Stück ca. 85 kcal • 15 g KH • 3 g Fett • 26 % Fettkalorien

FÜR DEN TEIG:
4 Eier
225 g Zucker
1 Päckchen Vanillezucker
1 Prise Salz
250 g Mehl
1 geh. TL Backpulver
225 g gemahlene Mandeln
abgeriebene Schale von 1 Zitrone
1 Msp. gemahlene Nelken
1 Msp. gemahlener Piment
1 Msp. gemahlener Kardamom
1 geh. TL gemahlener Zimt
100 g fein gehacktes Zitronat
runde Backoblaten (8 cm Ø)

FÜR DEN GUSS:
200 g Puderzucker
3 EL heißes Wasser
2 EL Rosenwasser
50 g bunte Zuckerstreusel

1. Die Eier, den Zucker, den Vanillezucker und das Salz schaumig rühren.

2. Das Mehl mit dem Backpulver mischen und nach und nach unterrühren. Die Mandeln hinzufügen und unterziehen.

3. Die Zitronenschale, die Gewürze und das Zitronat in den Teig rühren.

4. Den Teig etwa 1 cm dick auf die Oblaten streichen, dabei einen Rand von etwa 1 cm lassen. Die Oblaten auf ein Backblech setzen.

5. Im vorgeheizten Backofen bei 180 °C auf der mittleren Schiene backen. Nach etwa 30 Minuten das Blech aus dem Ofen nehmen.

6. Den Puderzucker sieben und mit Wasser und Rosenwasser glatt rühren.

7. Die noch warmen Lebkuchen dünn mit dem Guss bestreichen, mit den Zuckerstreuseln verzieren und auf dem Blech auskühlen lassen.

Weihnachts-
bäckerei

Elisenlebkuchen

Für 35 Stück • Zubereitungszeit: ca. 1 Stunde • Ruhezeit: ca. 1 Stunde • Backzeit: ca. 15 Minuten
Pro Stück ca. 130 kcal • 20 g KH • 4 g Fett • 28 % Fettkalorien

3 Eier
250 g Zucker
250 g gehackte Mandeln
75 g Orangeat
125 g Zitronat
120 g Mehl
1 TL Backpulver
1 TL gemahlener Zimt
1 Msp. gemahlene Nelken
1 Msp. gemahlener Kardamom
1 Msp. gemahlener Piment
½ TL Citroback
1 EL Rum
150 g geriebener Zwieback
35 runde Backoblaten
(ca. 8 cm Ø)
100 g Puderzucker
2 EL Rum

1. Die Eier zusammen mit dem Zucker schaumig rühren. Mandeln, Orangeat und Zitronat hinzufügen und unterrühren.

2. Das Mehl mit dem Backpulver mischen, sieben und unter Rühren löffelweise dazugeben.

3. Gewürze, Citroback, Rum und Zwieback hinzufügen und gut verrühren, bis eine zähe Masse entstanden ist. Diese bei Zimmertemperatur etwa 1 Stunde ruhen lassen.

4. Den Backofen auf 160 °C vorheizen. Ein Backblech mit Backpapier auslegen. Die Oblaten darauf verteilen und mit einem Messer die Lebkuchenmasse etwa 2 cm dick auf die Oblaten streichen. Auf der mittleren Schiene etwa 15 Minuten hellbraun backen.

5. Für die Glasur den Puderzucker mit dem Rum glatt rühren. Die Lebkuchen mit der Glasur überziehen.

Aachener Printen

Für 50 Stück • Zubereitungszeit: ca. 1 ¼ Stunden
Ruhezeit: ca. 24 Stunden • Backzeit: ca. 15 Minuten
Pro Stück ca. 95 kcal • 24 g KH • 0,1 g Fett • 1 % Fettkalorien

500 g Zuckerrübensirup
3 EL Wasser
5 g Pottasche
250 g Zucker
100 g Orangeat
600 g Mehl
2 TL gemahlener Anis
2 TL gemahlener Koriander
2 TL gemahlener Zimt
½ TL gemahlener Piment
½ TL gemahlener Kardamom
½ TL gemahlene Nelken
1 TL Natron
50 g Hagelzucker

1. Den Sirup mit dem Wasser und der Pottasche erwärmen, den Zucker darin auflösen. Die Mischung auf Handwärme abkühlen lassen.

2. Orangeat sehr fein würfeln, mit dem Mehl und den Gewürzen unter den Sirup kneten. Den Teig abdecken und 24 Stunden kühl stellen.

3. Den Teig auf bemehlter Fläche etwa 4 mm dick ausrollen. In etwa 3 x 8 cm große Stücke schneiden und auf einem mit Backtrennpapier ausgelegten Blech bei 200 °C auf der mittleren Schiene etwa 15 Minuten backen.

4. Die noch warmen Printen mit Hagelzucker bestreuen und auskühlen lassen.

Pfefferkuchen

Für 60 Stück • Zubereitungszeit: ca. 30 Minuten • Backzeit: ca. 15 Minuten
Pro Stück ca. 70 kcal • 12 g KH • 2 g Fett • 19% Fettkalorien

350 g Zucker
4 Eier
500 g Mehl
1 TL gemahlener Zimt
1 Msp. schwarzer Pfeffer
1 Msp. geriebene Muskatnuss
1 Msp. gemahlene Nelken
1 EL Zitronensaft
1 EL Citroback
150 g gemahlene Mandeln

1. Den Zucker mit den Eiern schaumig rühren. Das Mehl darüber sieben und die übrigen Zutaten dazugeben. Alles schnell zu einem Teig verkneten.

2. Den Backofen auf 180 °C vorheizen. Eine Arbeitsfläche mit Mehl bestreuen und den Teig darauf etwa 2 mm dick ausrollen.

3. Runde Plätzchen von ca. 4 cm Ø ausstechen, diese zu kleinen Kugeln formen und etwas flach drücken. Auf ein mit Backpapier belegtes Blech legen und im Ofen etwa 15 Minuten backen.

Spekulatius

Für 50 Stück • Zubereitungszeit: ca. 1 ¼ Stunden
Ruhezeit: ca. 1 Stunde • Backzeit: ca. 10 Minuten
Pro Stück ca. 45 kcal • 7 g KH • 2 g Fett • 30 % Fettkalorien

½ TL Hirschhornsalz

3 EL Kaffeesahne (10 % F.)

250 g Mehl

1 TL gemahlener Zimt

½ TL gemahlener Kardamom

1 Msp. gemahlener Ingwer

1 Msp. abgeriebene Pomeranzenschale

70 g Margarine

150 g Zucker

1 Päckchen Vanillezucker

1 Ei

1. Das Hirschhornsalz in der Kaffeesahne auflösen.

2. Das Mehl mit den Gewürzen mischen und auf ein Backbrett geben. In die Mitte eine Vertiefung drücken und in diese Margarineflöckchen, Zucker, Vanillezucker, Ei und das aufgelöste Hirschhornsalz geben.

3. Alles zu einem glatten Teig verarbeiten, in Alufolie einwickeln und im Kühlschrank etwa 1 Stunde ruhen lassen.

4. Den Backofen auf 200 °C vorheizen. Ein Backblech mit Backtrennpapier auslegen.

5. Die Arbeitsplatte mit Mehl bestreuen und den Teig darauf ausrollen. Mit einer Spekulatiusrolle oder Förmchen die Spekulatius ausstechen und auf das Backblech legen.

6. Die Spekulatius auf der mittleren Schiene etwa 10 Minuten backen und anschließend auf einem Kuchengitter abkühlen lassen.

Weihnachtsbäckerei

Spekulatius

Zimtschäumle

Für 45 Stück • Zubereitungszeit: ca. 15 Minuten • Backzeit: ca. 2 ½ Stunden
Pro Stück ca. 6 kcal • 1 g KH • 0 g Fett • 0% Fettkalorien

2 Eiweiß
60 g Zucker
1 TL Citroback
1 TL gemahlener Zimt

1. Das Eiweiß leicht schlagen. Den Zucker langsam einrieseln lassen und weiterschlagen, bis das Eiweiß eine cremig-schnittfeste Konsistenz hat. Dann das Citroback und den Zimt unterrühren.

2. Die Masse in einen Spritzbeutel füllen und mit Abstand Häufchen auf ein mit Backtrennpapier ausgelegtes Backblech spritzen. Im vorgeheizten Backofen bei 100 °C etwa 2 ½ Stunden trocknen lassen.

Tipp Der Spritzbeutel muss kalt sein, damit sich die Eiweiß-Zuckermasse beim Aufspritzen nicht trennt.

Pfeffernüsse

Für 44 Stück • Zubereitungszeit: ca. 1 Stunde •
Kühlzeit: ca. 1 Stunde • Backzeit: ca. 20 Minuten
Pro Stück ca. 60 kcal • 10 g KH • 2 g Fett • 30 % Fettkalorien

90 g weiche Butter

50 g flüssiger Honig

100 g Zucker

1 kleines Ei

1 TL Citroback

30 g Orangeat

30 g Zitronat

Salz

250 g Mehl

1 TL Backpulver

½ TL gemahlener Zimt

½ TL gemahlene Nelken

½ TL gemahlener Ingwer

½ TL gemahlener weißer Pfeffer

70 g Puderzucker

1 EL brauner Rum

1 TL Zitronensaft

rote Lebensmittelfarbe

1. Butter, Honig und Zucker mit dem Handrührgerät schaumig rühren. Das Ei, eine Prise Salz und Citroback unterrühren.

2. Orangeat und Zitronat fein hacken und zur Buttermischung geben. Mehl, Backpulver und Gewürze dazusieben und alles zu einem glatten Teig verkneten.

3. Den Teig in 2 gleich große Stücke teilen und diese auf der bemehlten Arbeitsfläche zu je 40 cm langen Rollen formen. Die Teigrollen für etwa 1 Stunde in den Kühlschrank legen.

4. Den Backofen auf 180 °C vorheizen. Ein Backblech mit Trennpapier auslegen. Die Teigrollen in je etwa 22 Scheiben schneiden.

5. Die Teigscheiben auf das Backblech legen und mit dem Daumen leicht eindrücken. Auf der zweiten Einschubleiste von unten etwa 20 Minuten backen. Die Pfeffernüsse mit dem Trennpapier vom Blech ziehen und auskühlen lassen.

6. Für die Glasur den Puderzucker mit Rum und Zitronensaft glatt rühren. Die Hälfte der Pfeffernüsse mit der Hälfte der Glasur bestreichen. Den Rest der Glasur mit der Lebensmittelfarbe färben und die übrigen Pfeffernüsse damit überziehen. Die Glasur antrocknen lassen.

Weihnachts-
bäckerei

Honigkuchentaler

Für 50 Stück • Zubereitungszeit: ca. 2 Stunden
Kühlzeit: über Nacht • Gefrierzeit: ca. 1 Stunde • Backzeit: ca. 12 Minuten
Pro Stück ca. 100 kcal • 16 g KH • 3 g Fett • 27% Fettkalorien

FÜR DEN MÜRBETEIG:

250 g Mehl

100 g Puderzucker

100 g Butter

1 Prise Salz

1 Ei

1 Eigelb

1 Vanilleschote

FÜR DEN HONIGKUCHENTEIG:

250 g Honig

70 g Butter

50 g Puderzucker

1 TL gemahlener Zimt

1/2 TL gemahlener Kardamom

1 TL gemahlener Anis

1/2 TL gemahlene Nelken

1 Päckchen Citroback

1/2 TL Pottasche

1 Ei

350 g Mehl

1–2 EL Honig zum Bestreichen

1. Für den Mürbeteig das Mehl und den Puderzucker in eine Schüssel sieben. Butter, Salz, Ei, Eigelb und das ausgekratzte Vanillemark dazugeben. Alles zügig zu einem geschmeidigen Teig verarbeiten und zu einer Kugel formen. Etwa 3 Stunden kalt stellen.

2. Für den Honigkuchenteig den Honig und die Butter so lange erwärmen, bis die Butter flüssig geworden ist. Den Puderzucker zu der Masse sieben und zusammen mit den Gewürzen und dem Citroback unterrühren. Etwas abkühlen lassen.

3. Die Pottasche in sehr wenig lauwarmem Wasser auflösen. Mit dem Ei und dem Mehl unter die Honigmasse geben und glatt rühren. Mindestens 6 Stunden, besser über Nacht kalt stellen.

4. Beide Teige jeweils zwischen 2 Lagen leicht bemehlter Klarsichtfolie zu einem Rechteck von 40 x 25 cm ausrollen. Von beiden Teigen die obere Klarsichtfolie abziehen.

5. Den Mürbeteig vorsichtig mit etwa 1 Esslöffel Wasser bestreichen. Den Honigkuchenteig mit der Teigseite nach unten auf den Mürbeteig legen, jetzt die oben liegende Klarsichtfolie abziehen.

6. Das doppelte Teigrechteck zu einer Rolle aufrollen. Dabei kann man die verbliebene untere Folie zu Hilfe nehmen. Die Rolle für 1 Stunde ins Gefrierfach legen.

7. Die Teigrolle in etwa 8 mm dünne Scheiben schneiden. Die Scheiben mit etwas Abstand auf ein mit Backtrennpapier ausgelegtes Backblech legen. Bei 170 °C auf der mittleren Schiene etwa 12 Minuten backen. Aus dem Ofen nehmen und sofort dünn mit Honig bestreichen.

Weihnachtsstollen

Für 40 Stück • Zubereitungszeit: ca. 1 Stunde
Gehzeit: ca. 1 ¼ Stunden • Backzeit: ca. 1 Stunde
Pro Stück ca. 120 kcal • 18 g KH • 4 g Fett • 26 % Fettkalorien

550 g Mehl
40 g Hefe
75 g Zucker
⅛ l Milch (1,5 % F.)
200 g Halbfettmargarine
1 Prise Salz
1 TL gemahlener Kardamom
1 TL gemahlener Zimt
1 Päckchen Orangeback
50 g gewürfeltes Zitronat
50 g gewürfeltes Orangeat
50 g Magerquark
250 g Rumrosinen
20 g Puderzucker
3 Päckchen Vanillezucker
20 g Butter

1. Das Mehl in eine Schüssel sieben, in die Mitte eine Mulde drücken und die Hefe hineinbröckeln. Einen Esslöffel Zucker dazugeben.

2. Die Milch erwärmen, in die Mulde gießen und rühren, bis sich die Hefe und der Zucker auflösen. Mit einem Viertel des Mehls zu einem Vorteig verrühren. Den Vorteig zugedeckt an einem warmen Ort etwa 15 Minuten gehen lassen.

3. Die Margarine zerlassen und etwas abkühlen lassen. Zucker, Salz, Gewürze, Orangeback, Zitronat, Orangeat und das restliche Mehl in den Vorteig einkneten. Den Quark unter die zerlassene Margarine rühren und ebenfalls in die Masse einkneten. Nochmals 30 Minuten gehen lassen.

4. Dann die Rumrosinen unterkneten. Den Teig auf einer bemehlten Arbeitsfläche glatt kneten und zu zwei gleich großen Rollen von etwa 3 cm Ø formen.

5. Die Rollen mit dem Nudelholz in der Mitte etwas dünner ausrollen. Die beiden Teighälften aufeinanderlegen und zusammendrücken.

6. Den Stollen auf ein mit Backtrennpapier ausgelegtes Backblech legen und nochmals 30 Minuten gehen lassen. Den Backofen auf 250 °C vorheizen. Den Stollen auf die zweite Einschubleiste von unten schieben. Die Backhitze auf 170 °C reduzieren und etwa 1 Stunde backen.

7. Den Puderzucker sieben und mit dem Vanillezucker vermischen. Die Butter zerlassen. Den Stollen noch warm mit der Butter bestreichen und in der Zuckermischung wälzen.

Weihnachts-
bäckerei

Brot
und herzhaftes Gebäck

Brot und herzhaftes Gebäck
sind ganz einfach zu backen ...
und wir haben noch eine ganze
Reihe anderer appetitlicher
Anregungen für pikante
Backspezialitäten für Sie ...
lassen Sie sich überraschen.

Herzhafte Hefeschnecken

Für 12 Stück • Zubereitungszeit: ca. 30 Minuten
Gehzeit: ca. 50 Minuten • Backzeit: ca. 30 Minuten
Pro Stück ca. 127 kcal • 20 g KH • 3 g Fett • 23 % Fettkalorien

FÜR DEN TEIG:
300 g Mehl
1 TL Zucker
1 Prise Salz
1 Päckchen Trockenhefe
150 ml Wasser
40 g Halbfettmargarine

FÜR DIE FÜLLUNG:
1 rote Paprikaschote
1 kleine Zucchini
1 Zwiebel
1 EL Sonnenblumenöl
1 Knoblauchzehe
Salz
weißer Pfeffer aus der Mühle
1 Päckchen italiensche TK-Kräuter
50 g Edamer, 30 % F., gerieben
2 EL Kaffeesahne, 4 % F.

1. Das Mehl mit der Hefe mischen, die restlichen Zutaten für den Teig zufügen, mit den Knethaken des Handrührgeräts oder mit den Händen unterkneten. Den Teig zugedeckt an einem warmen Ort mindestens 30 Minuten gehen lassen, bis er sich sichtbar vergrößert hat.

2. Die Paprikaschote putzen, waschen, halbieren und die Kerne entfernen. Die Zucchini putzen und waschen. Die Zwiebel abziehen. Das Gemüse fein würfeln. Das Öl in einer beschichteten Pfanne erhitzen, das Gemüse zufügen und andünsten. Die Knoblauchzehe abziehen, durchpressen und mitdünsten. Mit Salz und Pfeffer abschmecken und abkühlen lassen.

3. Den Teig zu einem etwa 30 x 20 cm großen Rechteck ausrollen. Das Gemüse darauf verteilen und den Käse darüberstreuen.

4. Die Teigplatte von der schmalen Seite her aufrollen und in 12 ca. 1,5 cm breite Stücke schneiden.

5. Die Schnecken auf ein mit Backpapier ausgelegtes Backblech legen, mit der Kaffeesahne bestreichen und nochmals etwa 20 Minuten gehen lassen. Im vorgeheizten Backofen bei 200 °C ca. 25–30 Minuten backen.

Brot und herzhaftes Gebäck

Kartoffelbrot

Für 1 Brot/25 Scheiben • Zubereitungszeit: ca. 25 Minuten
Ruhezeit: ca. 30 Minuten • Backzeit: ca. 50 Minuten
Pro Scheibe ca. 134 kcal • 23 g KH • 3 g Fett • 20% Fettkalorien

700 ml Milch (1,5% F.)
1 Päckchen Kloßteigpulver für rohe Klöße (8 Stück)
500 g Mehl
1 Ei
2 EL Öl
2 TL Salz
3 TL Zucker
40 g Hefe

1. Die Milch zum Kochen bringen, das Kloßteigpulver damit übergießen, gut verrühren und die Mischung etwas abkühlen lassen.

2. Mehl, Ei, Öl, Salz und Zucker in eine Rührschüssel geben, die fein zerbröckelte Hefe und die Kloßmasse gleichmäßig darüber verteilen.

3. Alle Zutaten mit den Knethaken des Handrührgeräts zuerst auf niedriger Stufe und dann auf höchster Stufe so lange verkneten, bis sich der Teig von der Schüsselwand löst.

4. Den Teig an einem warmen Ort etwa 30 Minuten zugedeckt gehen lassen. Den Backofen auf 225 °C vorheizen.

5. Den Teig nochmals kurz durchkneten, zu einem Brotlaib formen, diesen auf ein mit Backpapier belegtes Backblech setzen. Das Kartoffelbrot im heißen Ofen auf der mittleren Schiene 45 bis 50 Minuten backen.

Tipp Dazu schmeckt Schnittlauchquark sehr gut. Für 4 Portionen 250 g Cremequark (0,2% F.) mit einigen Esslöffeln fettarmer Milch und 2 Bund Schnittlauch, in Röllchen geschnitten, verrühren. Mit Salz und Knoblauch würzen.

Brot und herzhaftes Gebäck

Kartoffelbrot

Quarkbrötchen mit Kernen

Für 20 Brötchen • Zubereitungszeit: ca. 15 Minuten • Backzeit: ca. 20 Minuten
Pro Stück ca. 210 kcal • 28 g KH • 6 g Fett • 26 % Fettkalorien

125 g Halbfettmargarine

2 Eier

1 TL Salz

500 g Magerquark

125 ml Milch (1,5 % F.)

750 g Mehl

2 Päckchen Backpulver

100 g Sonnenblumenkerne, geschält

1. Die Margarine flüssig werden lassen und mit den Eiern, dem Salz, dem Quark und der Milch glatt rühren. Das Mehl mit dem Backpulver vermischen und unterkneten. Die Sonnenblumenkerne unter den Teig kneten.

2. Den Backofen auf 200 °C vorheizen. Den Teig halbieren, auf der bemehlten Arbeitsfläche daraus zwei Stränge rollen und diese in jeweils 10 gleichgroße Stücke schneiden. Aus jedem Teil ein Brötchen formen und auf ein mit Backpapier belegtes Backblech legen.

3. Im Ofen ca. 20–25 Minuten goldbraun backen. Auf einem Kuchenrost auskühlen lassen.

Ciabatta

Für 2 Brote • Zubereitungszeit: ca. 30 Minuten • Kühlzeit: über Nacht
Ruhezeit: ca. 1 ½ Stunden • Backzeit: ca. 70 Minuten
Pro Brot ca. 1270 kcal • 134 g KH • 4 g Fett • 2 % Fettkalorien

15 g Hefe

3 TL Salz

750 g Weizenmehl Type 550

etwas Mehl für die Arbeitsfläche

1. Etwa 10 g Hefe in 300 ml lauwarmem Wasser auflösen. 600 g Mehl in eine Schüssel geben. Den Hefeansatz hinzufügen, alles mit einem Holzlöffel gut verrühren und die Schüssel verschließen. Den Teig im Kühlschrank etwa 16 Stunden (am besten über Nacht) gehen lassen.

2. Die restliche Hefe in 150 ml lauwarmem Wasser auflösen. Den Teig etwas auseinander reißen. Den Hefeansatz, das restliche Mehl und das Salz auf den Teig geben und alles in der Schüssel mit den Händen etwa 10 Minuten kneten. Der Teig ist zunächst recht feucht, wird dann aber zunehmend elastischer und löst sich von der Schüsselwand.

3. Den Teig zugedeckt an einem warmen Ort etwa 30 Minuten gehen lassen. Dann den Teig auf einer bemehlten Arbeitsfläche mit den Händen nochmals kurz durchkneten und weitere 30 Minuten an einem warmen Ort gehen lassen.

4. Den Teig in 2 Hälften teilen. Die Teigstücke etwas in die Länge ziehen und auf 2 mit Backpapier ausgelegte Backbleche legen.

5. Den Teig mit Mehl bestäuben und mit den Händen wieder ein wenig in die Länge ziehen, mit den Fingerkuppen etwas eindrücken und noch einmal etwa 30 Minuten gehen lassen.

6. Den Backofen auf 220 °C vorheizen. Die Brote nacheinander im heißen Ofen auf der mittleren Schiene jeweils etwa 35 Minuten backen.

Tipp Ein köstlicher Snack ist Bruschetta: Dazu Tomatenstücke mit durchgepresstem Knoblauch, Pfeffer, Salz, italienischer Kräutermischung und frisch gehacktem Basilikum vermischen. Ciabattabrotscheiben leicht rösten und mit der Tomatensauce bestreichen.

Brot und herzhaftes Gebäck

Kerniges Kürbisbrot

Für 2 Brote à 20 Scheiben • Zubereitungszeit: ca. 25 Minuten • Backzeit: ca. 1 Stunde • Gehzeit: ca. 1 Stunde
Pro Scheibe ca. 131 kcal • 22 g KH • 3 g Fett • 21 % Fettkalorien

1 kg Kürbisfruchtfleisch, in kleine Stücke geschnitten
2 EL Wasser
1 kg Weizenmehl Type 550
1 ½ Würfel Hefe
1 gestrichener TL Salz
6 EL flüssiger Honig
150 g Halbfettmargarine
40 g Pistazien
60 g Kürbiskerne

1. Das Kürbisfruchtfleisch im Wasser ca. 12 Minuten weich kochen, dann pürieren und abkühlen lassen.

2. Die Hefe zerbröseln, im Fruchtfleisch auflösen und mit dem Salz, dem Honig und der Halbfettmargarine zum Mehl geben. Alle Zutaten zu einem glatten, elastischen Teig verkneten. Falls der Teig noch klebt, etwas Mehl hinzufügen. Den Teig zu einer Kugel formen und mit einem Küchenhandtuch abgedeckt an einem warmen Ort ca. 45 Minuten gehen lassen, dann nochmals gut durchkneten. Die Pistazien und gut die Hälfte der Kürbiskerne unterkneten.

3. Zwei 30 cm lange Kastenformen mit Backpapier auslegen, den Teig hineinfüllen und mit nassen Händen glatt streichen. Mit den restlichen Kürbiskernen bestreuen. Die Brote nochmals abdecken und an einem warmen Ort ca. 15 Minuten gehen lassen.

4. Die Brote auf der untersten Einschubleiste in den kalten Backofen schieben und bei 200 °C etwa 1 Stunde backen. In der Form kurz abkühlen lassen, auf ein Kuchengitter stürzen und vor dem Anschneiden gut auskühlen lassen.

Ciabatta

Möhrenbrot

Für 1 Brot à 20 Scheiben • Zubereitungszeit: ca. 15 Minuten
Backzeit: ca. 55 Minuten • Gehzeit: ca. 4 Stunden
Pro Scheibe ca. 113 kcal • 19 g KH • 3 g Fett • 20 % Fettkalorien

500 g Weizenmehl Type 1050
175–200 ml Wasser, warm
75 g Joghurt, 1,5 % F.
½ Würfel Hefe
1 EL Honig
1 TL Salz
½ TL Koriander
35 g Halbfettmargarine
200 g Möhren, grob geraspelt
50 g Sonnenblumenkerne
1 Eiweiß

1. Die Hefe zerbröckeln, im warmen Wasser auflösen, mit dem Honig und dem Joghurt vermischen.

2. Mehl, Salz und Koriander mischen. Den Hefeansatz und die Margarine dazugeben und alles gut verkneten. Den Teig mit einem Küchentuch abgedeckt an einem warmen Ort ca. 3 Stunden gehen lassen, bis er sich verdoppelt hat.

3. Den Teig auf einer bemehlten Arbeitsfläche kräftig durchkneten. Die Möhren und die Hälfte der Sonnenblumenkerne unter den Teig kneten.

4. Einen ovalen Laib formen, auf ein mit Backpapier ausgelegtes Backblech legen und nochmals 1 Stunde gehen lassen.

5. Das Brot mit Eiweiß bestreichen und mit den restlichen Sonnenblumenkernen bestreuen. Im vorgeheizten Backofen bei 250 °C zunächst 10 Minuten backen, dann auf 200 °C weitere 45 Minuten fertig backen. In der Form kurz abkühlen lassen, auf ein Kuchengitter stürzen und vor dem Anschneiden gut auskühlen lassen.

Tipp Eine 30 cm lange Kastenform mit Backpapier auslegen und den Teig hineingeben. Die Form einige Male fest auf dem Tisch aufschlagen. Dann wie im Rezept beschrieben fortfahren.

Brot und herzhaftes Gebäck

Möhrenbrot

Olivenbrot mit Oregano

Für 10 Personen • Zubereitungszeit: ca. 3 Stunden • Backzeit: 30–45 Minuten
Pro Portion ca. 350 kcal • 58 g KH • 9 g Fett • 22 % Fettkalorien

400 ml lauwarmes Wasser
1 Würfel frische Hefe
1 TL Salz
1 TL Zucker
3 EL Olivenöl
50 g Joghurt (1,5 % F.)
800 g Mehl
100 g schwarze Oliven
100 g grüne Oliven
5 EL Oregano

1. Aus 200 ml Wasser, Hefe, Salz, Zucker, Olivenöl, Joghurt und 200 g Mehl einen Hefeteigansatz herstellen und zugedeckt 30 Minuten an einem warmen Ort gehen lassen.

2. In der Zwischenzeit die Oliven halbieren oder vierteln.

3. Das restliche Mehl zu dem Teig geben und mit dem restlichen Wasser einen lockeren Teig herstellen. Den Teig eine Stunde zugedeckt an einem warmen Ort gehen lassen.

4. Den Backofen auf 50 °C vorheizen. Die Oliven und den Oregano zum Teig geben, noch einmal kräftig durchkneten, zu einem Brot formen und auf ein mit Backpapier belegtes Backblech legen.

5. Das Blech auf mittlerer Schiene in den Backofen schieben und noch einmal 30 Minuten ruhen lassen.

6. Den Backofen auf 200 °C stellen und je nach Teighöhe 30 bis 45 Minuten ausbacken.

Tipp Wenn Sie das Brot gelegentlich mit Wasser bestreichen, wird es knuspriger.

Sommerliches Tomatenbrot

Für 1 Brot à 20 Scheiben • Zubereitungszeit: ca. 15 Minuten
Backzeit: ca. 40 Minuten • Gehzeit: ca. 30 Minuten
Pro Scheibe ca. 105 kcal • 17 g KH • 3 g Fett • 22 % Fettkalorien

250 ml lauwarmes Wasser

²/₃ Würfel frische Hefe

1 EL Honig

500 g frisch gemahlenes Vollkornmehl

1 Zwiebel, fein gewürfelt

1 Knoblauchzehe, gepresst

1 EL Sonnenblumenöl

3 EL Tomatenmark

1 gehäufter TL Kräutersalz

3 EL Olivenöl

400 g reife Tomaten

1 Bund Basilikum, gehackt

1. Aus 100 ml Wasser, Hefe, Honig und ein wenig Mehl einen Vorteig anrühren und 15 Minuten an einem warmen Ort gehen lassen.

2. Zwiebel und Knoblauch im Sonnenblumenöl andünsten. Das Tomatenmark zugeben und kurz mitbraten. Die Mischung salzen und mit 150 ml Wasser, dem restlichen Mehl und dem Olivenöl zum Vorteig geben und alles zu einem trockenen, krümeligen Teig verkneten.

3. Den Backofen auf 225 °C vorheizen. Die Tomaten kreuzweise einschneiden, überbrühen, häuten, entkernen, grob würfeln und mit dem Basilikum unter den Teig kneten. Fühlt sich der Teig feucht und glitschig an, ist er genau richtig.

4. Eine 30 cm lange Kastenform mit Backpapier auslegen und den Teig hineingeben. Die Form einige Male fest auf dem Tisch aufschlagen. Den Teig vor dem Backen nochmals 15 Minuten an einem warmen Ort gehen lassen.

5. Das Brot auf der 2. Schiene von unten erst 15 Minuten bei 225 °C, dann weitere 25–30 Minuten bei 200 °C backen. Hört sich das Brot beim Daraufklopfen hohl an, ist es gar. Das Brot zum Abkühlen auf einen Rost legen und mit einem Küchentuch abdecken.

Brot und herzhaftes Gebäck

Pizzatasche mit Mangold und Ricotta

Für 1 große Calzone • Zubereitungszeit: ca. 1 Stunde
Gehzeit: ca. 45 Minuten • Backzeit: ca. 35 Minuten
Pro Calzone ca. 1220 kcal • 157 g KH • 40 g Fett • 30 % Fettkalorien

FÜR DEN TEIG:

200 g Weizenmehl

½ TL Salz

10 g frische Hefe

1 EL Olivenöl

1 EL geh. Petersilie

FÜR DIE FÜLLUNG:

500 g Mangold

1 kleine Zwiebel

1 Knoblauchzehe

250 g frische Champignons

2 TL Olivenöl

50 g Ricotta (ersatzweise körniger Frischkäse)

50 g Mozzarella

1. Für den Teig das Mehl mit dem Salz mischen. In die Mitte eine Vertiefung drücken, die Hefe hineinbröckeln und mit 50 ml Wasser verrühren. Den Vorteig zugedeckt etwa 15 Minuten gehen lassen.

2. Den Vorteig mit 50 ml Wasser und Öl verkneten und nochmals zugedeckt an einem warmen Ort etwa 30 Minuten gehen lassen. Den Backofen auf 225 °C vorheizen.

3. Den Teig nochmals durchkneten und dabei die Petersilie einarbeiten. Den Teig auf einer bemehlten Arbeitsfläche kreisförmig (Ø ca. 30 cm) ausrollen und auf ein mit Backpapier ausgelegtes Backblech legen.

4. Den Mangold putzen, waschen und in feine Streifen schneiden. Die Zwiebel und den Knoblauch schälen und fein würfeln. Die Champignons putzen und in Scheiben schneiden. ½ Esslöffel Olivenöl erhitzen. Mangold, Zwiebel- und Knoblauchwürfel und die Chamignons dazugeben und etwas anschmoren.

5. Das Gemüse mit Salz und Pfeffer kräftig würzen. Den Ricotta mit einer Gabel zerdrücken, den Mozzarella in kleine Würfel schneiden und beides unter die Mangoldmasse mischen.

6. Den Teig bis zur Hälfte mit der Füllung belegen, dabei jedoch einen 2 cm breiten Rand lassen. Die andere Hälfte über die Füllung klappen und den Rand fest andrücken. Die Oberfläche mit dem restlichen Öl bepinseln und die Calzone etwa 35 Minuten backen.

Bagels

Für 16 Bagels • Zubereitungszeit: ca. 45 Minuten
Ruhezeit: ca. 2 Stunden • Backzeit: ca. 15 Minuten
Pro Stück ca. 137 kcal • 103 g KH • 1 g Fett • 8% Fettkalorien

20 g Hefe
4 EL Zucker
290 ml lauwarme Milch (1,5% F.)
500 g Weizenmehl Type 405
2 EL Öl
½ TL Salz
etwas Mehl für die Arbeitsfläche

1. Die Hefe und 2 EL Zucker in der Milch auflösen. Das Mehl in eine Schüssel geben, den Hefeansatz, das Öl und das Salz dazugeben. Alles mit den Knethaken des Handrührgeräts zu einem glatten Teig verkneten.

2. Den Teig auf einer bemehlten Arbeitsfläche mit den Händen etwa 10 Minuten kneten, bis er geschmeidig ist, dann in eine Schüssel legen und zugedeckt an einem warmen Ort etwa 1 Stunde gehen lassen. Das Volumen sollte sich verdoppeln.

3. Den Teig auf einer bemehlten Arbeitsfläche nochmals kurz durchkneten und in 16 Stücke teilen. Jedes Stück zu einer etwa 20 cm langen, daumendicken Rolle formen und diese zu einem Ring schließen.

4. Die Teigringe auf Backpapier legen und etwa 1 Stunde gehen lassen. Ihr Volumen sollte sich erneut verdoppeln und die Bagels müssen schön prall sein. Den Backofen auf 240 °C vorheizen.

5. In einem großen Topf reichlich Wasser mit den restlichen 2 EL Zucker zum Kochen bringen. 2 Bagels ins Wasser geben und etwa 20 Sekunden brühen, dabei einmal mit einem Schaumlöffel wenden. Die Bagels quellen leicht auf.

6. Die Bagels mit einem Schaumlöffel herausnehmen und auf ein mit Backpapier belegtes Backblech setzen. Auf diese Weise auch die anderen Bagels brühen.

7. Die Bagels im heißen Ofen auf der zweiten Schiene von unten in 10 bis 15 Minuten hellbraun backen.

Tipp Bagels kann man herzhaft oder süß belegen, und sie sind eine attraktive Variante für einen Snack zum Mitnehmen.

Brot und herzhaftes Gebäck

Gefüllte Glücksschweinchen

Für 4 Stück • Zubereitungszeit: ca. 30 Minuten
Gehzeit: ca. 50 Minuten • Backzeit: ca. 20 Minuten
Pro Stück ca. 483 kcal • 74 g KH • 10 g Fett • 18 % Fettkalorien

FÜR DEN TEIG:

375 g Weizen-Vollkornmehl

1 Päckchen Trockenbackhefe

1 TL Zucker

1 TL Salz

1 Ei (Größe M)

100 g Joghurt, 1,5 % F.

100 ml handwarme Milch, 1,5 % F.

FÜR DIE FÜLLUNG:

50 g gekochter Schinken ohne Fettrand

100 g Mais und Erbsen aus der Dose

1 kleine Zwiebel

1 EL Petersilie, gehackt

1 EL Crème fraîche

50 g Edamer, 30 % F., gerieben

weißer Pfeffer aus der Mühle

4 gefüllte Oliven zum Verzieren

1. Das Mehl in eine Rührschüssel geben und sorgfältig mit der Hefe vermischen. Die übrigen Zutaten hinzufügen und alles mit einem Handrührgerät (Knethaken) kurz auf niedrigster Stufe verrühren, dann auf höchster Stufe in etwa 5 Minuten zu einem glatten Teig verarbeiten. Den Teig abgedeckt an einem warmen Ort so lange gehen lassen, bis er sich sichtbar vergrößert hat (ca. 30 Minuten).

2. Den Schinken fein würfeln. Den Mais und die Erbsen abtropfen lassen. Die Zwiebel abziehen und fein hacken. Alles mit der Petersilie, der Crème fraîche und dem Käse vermischen und mit etwas Pfeffer würzen.

3. Den Teig ca. 3 mm dünn ausrollen und acht Kreise von jeweils ca. 10 cm Ø ausstechen. Ein Backblech mit Backpapier auslegen und vier Teigkreise darauf legen. Die Füllung so darauf verteilen, dass rundherum ein sauberer Rand bleibt.

Brot und herzhaftes Gebäck

4. Das Ei trennen. Die Teigränder mit dem Eiweiß bepinseln, die übrigen Teigkreise als Deckel darauf legen und am Rand leicht zusammendrücken. Das Eigelb mit 1 EL Wasser verrühren und die vier Teigstücke damit bestreichen.

5. Aus dem restlichen Teig 4 Kreise von jeweils ca. 5 cm Ø ausstechen, als Schnauze in die Mitte der großen Teigstücke setzen und mit einem Schaschlikspieß die Nasenlöcher andeuten. Die Oliven halbieren und als Augen in den Teig drücken. Jeweils 2 tropfenförmige Teigohren formen und ansetzen. Ohren und Schnauze mit dem Eigelb bestreichen und den Teig nochmals gehen lassen, bis er sich sichtbar vergrößert hat. Im auf 225 °C vorgeheizten Backofen ca. 15–20 Minuten goldbraun backen.

Teigtaschen mit Spinat und Feta-Käse

Für 9 Stück • Zubereitungszeit: ca. 30 Minuten
Backzeit: ca. 15 Minuten
Pro Stück ca. 150 kcal • 18 g KH • 5 g Fett • 29 % Fettkalorien

Für den Teig:

50 g Halbfettmargarine
125 g Magerquark
5 EL Milch, 1,5 % F.
½ TL Salz
200 g Weizenmehl Type 550
3 EL Haferkleie
2 TL Backpulver

Für die Füllung:

4 Zweige frisches Basilikum
1 Zwiebel
1 Knoblauchzehe
2 EL Mineralwasser
100 g Feta-Käse, 40 % F.
100 g TK-Blattspinat, aufgetaut
2 EL Kaffeesahne, 4 % F.

1. Die Margarine schaumig rühren, den Quark, die Milch und das Salz zufügen und verrühren. Das Mehl, die Kleie und das Backpulver mischen, zur Quarkmasse geben und alles mit den Knethaken zu einem Teig verarbeiten.

2. Die Basilikumblätter abzupfen und in dünne Streifen schneiden. Die Zwiebel und den Knoblauch schälen, fein hacken und in einer beschichteten Pfanne im Mineralwasser andünsten. Den Käse in Würfel schneiden, mit dem Spinat zu den Zwiebeln geben, unter Rühren erhitzen. Das Basilikum unterrühren, mit Salz und Pfeffer abschmecken. Den Backofen auf 200 °C vorheizen.

3. Den Teig auf einer bemehlten Arbeitsfläche dünn ausrollen. Mit Hilfe einer Tasse oder eines Glases 9 Teigkreise von ca. 10 cm Ø ausstechen. Je 1 EL der Füllung in die Mitte der Kreise geben. Den Teig zusammenklappen und die Ränder rundherum mit den Zinkenspitzen einer Gabel zusammendrücken. Die Taschen mit der Kaffeesahne bestreichen.

4. Das Backblech mit Backpapier auslegen und die Teigtaschen darauf setzen. Im Backofen auf der mittleren Schiene etwa 15 Minuten goldbraun backen.

Tipp Die Teigtaschen vor dem Backen mit etwas Sesamsamen bestreuen.

Gemüse-Crostini

Für 4 Personen • Zubereitungszeit: ca. 30 Minuten • Backzeit: ca. 5 Minuten
Pro Person ca. 175 kcal • 22 g KH • 5 g Fett • 26% Fettkalorien

4 Tomaten
1 Aubergine
2 Knoblauchzehen
4 EL Basilikum, gehackt
Salz, Pfeffer, Chilipulver
1 Ciabattabrot
20 g Käse, 30 % F .i. Tr.

1. Die Tomaten über Kreuz einritzen, mit kochendem Wasser überbrühen, enthäuten und in Würfel schneiden. Die Aubergine schälen und würfeln.

2. Das Gemüse in der Pfanne ohne Fett anbraten. Knoblauch und Basilikum dazugeben und mit den Gewürzen abschmecken.

3. Den Backofen auf 180 °C vorheizen. Das Ciabatta in Scheiben schneiden, toasten, mit der Gemüsemasse bestreichen, den geriebenen Käse darüber streuen und auf der mittleren Schiene ca. 5 Minuten überbacken.

Teigtaschen mit Spinat und Feta-Käse

LOW FETT 30-Tabelle
zum Thema Backen

Getreideprodukte	Menge	kcal	Fett	Kohlen-hydrate	Fett-kalorien
Buchweizen, geschält	100 g	319	1,5 g	74,0 g	4,2 %
Cous-Cous	100 g	332	0,8 g	69,0 g	2,2 %
Bio-Getreide-Vollkornflocken Bio-Dinkeltag	100 g	341	2,9 g	67,0 g	7,7 %
Bio-Getreide-Vollkornflocken Bio-Hirsetag	100 g	365	3,5 g	69,9 g	8,6 %
Bio-Getreide-Vollkornflocken Bio-Reistag	100 g	367	2,5 g	79,3 g	6,1 %
Roggenkleie	100 g	232	2,3 g	41,5 g	8,9 %
Weizenkleie	100 g	167	4,5 g	18,1 g	24,3 %
Gerste, Korn	100 g	318	1,9 g	63,3 g	5,4 %
Gerstengraupen	100 g	340	1,2 g	71,0 g	3,2 %
Gerstengrütze	100 g	314	1,4 g	66,1 g	4,0 %
granoVita Kleie plus	100 g	314	12,6 g	37,7 g	36,1 %
Grieß	100 g	326	0,0 g	14,0 g	0,0 %
Grünkern, Dinkelflocken	100 g	303	2,0 g	62,0 g	5,9 %
Grünkern, Korn	100 g	327	2,4 g	63,3 g	6,6 %
Hafer, Korn	100 g	358	6,4 g	59,8 g	16,1 %
Haferflocken	100 g	375	6,3 g	63,3 g	15,1 %
Hafergrütze	100 g	392	5,3 g	69,7 g	12,2 %
Hirse, Korn	100 g	356	3,5 g	68,8 g	8,9 %
Mais, Korn	100 g	333	3,4 g	64,7 g	9,2 %
Quinoa	100 g	343	5,0 g	60,3 g	13,1 %
Roggen, Korn	100 g	299	1,5 g	60,7 g	4,5 %
Sago	100 g	344	0,2 g	84,9 g	0,5 %
Seeberger Buchweizen ganz.-schrot	100 g	336	1,7 g	71,0 g	4,6 %
Weizen, Korn	100 g	316	1,8 g	61,0 g	5,1 %
Weizengries	100 g	327	0,7 g	69,0 g	1,9 %
Weizenkleie, Schneekoppe	100 g	185	5,0 g	19,0 g	24,3 %

Mehle	Menge	kcal	Fett	Kohlen-hydrate	Fett-kalorien
Amaranth	100 g	364	8,8 g	57,0 g	21,8 %
Buchweizenmehl	100 g	358	2,4 g	70,7 g	6,0 %
Dr. Oetker Gustin klassische Speisestärke	100 g	346	0,1 g	85,9 g	0,3 %
Auslese-Mehl	100 g	335	1,0 g	72,0 g	2,7 %
Back-Mehl	100 g	340	1,0 g	72,0 g	2,7 %
Roggen-Mehl	100 g	320	1,3 g	69,0 g	3,7 %
Schnell-Mehl	100 g	335	1,0 g	72,0 g	2,7 %
granoVita Graham-Paniermehl	100 g	351	3,0 g	69,4 g	7,7 %
Grünkern, Mehl	100 g	370	1,8 g	76,8 g	4,4 %
Hafermehl	100 g	401	6,4 g	67,9 g	14,4 %
Mais, Mehl	100 g	350	2,8 g	66,3 g	7,2 %

Mehle (Fortsetzung)	Menge	kcal	Fett	Kohlen-hydrate	Fett-kalorien
Maizena Feine Speisestärke	100 g	348	0,0 g	87,0 g	0,0 %
Mondamin Feine Speisestärke	100 g	348	0,0 g	87,0 g	0,0 %
Paniermehl	100 g	350	0,0 g	70,0 g	0,0 %
Reis, Mehl	100 g	355	0,6 g	79,6 g	1,5 %
Roggenmehl, Type 1150	100 g	321	1,2 g	67,8 g	3,4 %
Roggenmehl, Type 1370	100 g	318	1,3 g	66,7 g	3,7 %
Roggenmehl, Type 1800	100 g	295	1,4 g	59,0 g	4,3 %
Roggenmehl, Type 805	100 g	323	0,9 g	71,0 g	2,5 %
Roggenmehl, Type 997	100 g	314	1,0 g	67,9 g	2,9 %
Sojamehl	100 g	370	18,5 g	3,1 g	45,0 %
Weizen Weizenpuder	100 g	351	0,0 g	86,0 g	0,0 %
Weizenmehl, Type 1050	100 g	336	1,6 g	67,2 g	4,3 %
Weizenmehl, Type 405	100 g	338	0,9 g	70,9 g	2,4 %
Weizenmehl, Type 630	100 g	339	1,4 g	69,0 g	3,7 %
Weizenmehl, Type 812	100 g	333	1,2 g	66,7 g	3,2 %
Weizenmehl,+A977 Type 1700	100 g	309	1,9 g	59,7 g	5,5 %
Weizenmehl,Type 550	100 g	338	1,0 g	70,8 g	2,7 %
Weizenstärke	100 g	333	0,1 g	86,1 g	0,3 %

Backzutaten	Menge	kcal	Fett	Kohlen-hydrate	Fett-kalorien
Backpulver	100 g	89	0,0 g	22,0 g	0,0 %
Bitterschokolade	100 g	550	32,0 g	62,0 g	52,4 %
Blatt Gelatine, rot	100 g	352	0,0 g	0,0 g	0,0 %
Blatt Gelatine, weiß	100 g	352	0,0 g	0,0 g	0,0 %
Blockschokolade	100 g	550	32,0 g	62,0 g	52,4 %
Bourbon Vanillezucker	100 g	381	0,1 g	95,0 g	0,2 %
Dr. Oetker Backfeste Puddingcreme	100 g	390	0,2 g	96,7 g	0,5 %
Dr. Oetker Backpulver Backin	100 g	89	0,0 g	22,0 g	0,0 %
Dr. Oetker Bourbon Vanille-Zucker	100 g	381	0,1 g	95,0 g	0,2 %
Dr. Oetker Erdbeer-Sahne Tortencreme mit Erdbeerstückchen	100 g	387	0,2 g	86,1 g	0,5 %
Dr. Oetker Gezuckerter Tortenguss klar	100 g	359	0,1 g	88,2 g	0,3 %
Dr. Oetker Gezuckerter Tortenguss rot	100 g	359	0,1 g	88,2 g	0,3 %
Dr. Oetker Kirsch-Sahne Tortencreme	100 g	350	0,0 g	72,6 g	0,0 %
Dr. Oetker Käse-Sahne Tortencreme mit Dekorzucker	100 g	444	0,0 g	78,0 g	0,0 %
Dr. Oetker Käsekuchen Hilfe	100 g	356	0,1 g	88,5 g	0,3 %
Dr. Oetker Mousse au Chocolat Tortencreme mit Schokoladenstückchen	100 g	406	12,5 g	60,6 g	27,7 %
Dr. Oetker Sahnesteif	100 g	365	0,0 g	91,2 g	0,0 %
Dr. Oetker Sahnetorten Hilfe	100 g	386	0,0 g	82,7 g	0,0 %
Dr. Oetker Tortenguss klar	100 g	307	0,2 g	73,3 g	0,6 %
Dr. Oetker Tortenguss rot	100 g	306	0,2 g	73,2 g	0,6 %
Dr. Oetker Trockenbackhefe	100 g	335	2,5 g	26,0 g	6,7 %
Dr. Oetker Vanilin-Zucker	100 g	394	0,0 g	98,5 g	0,0 %
Dr. Oetker Vanilla Tortencreme Vanille-Geschmack	100 g	545	30,0 g	61,1 g	49,5 %
Feige, kandiert	100 g	269	0,2 g	70,0 g	0,7 %
Fruchtzucker (Fructose)	100 g	400	0,0 g	99,0 g	0,0 %
Gelatine gemahlen, rot	100 g	352	0,0 g	0,0 g	0,0 %
Gelatine gemahlen, weiß	100 g	352	0,0 g	0,0 g	0,0 %
Goldpuder Haselnuss Füllung	100 g	470	22,4 g	60,0 g	42,9 %
Goldpuder Kokos Füllung	100 g	492	30,3 g	51,0 g	55,4 %
Goldpuder Mohn Füllung	100 g	420	19,8 g	50,0 g	42,4 %
granoVita Ahorn-Sirup	100 ml	262	0,0 g	65,3 g	0,0 %
granoVita Melasse	100 g	327	0,1 g	79,9 g	0,3 %
granoVita Ur-Süße	100 g	386	0,0 g	96,0 g	0,0 %
Hagelzucker	100 g	400	0,0 g	100,0 g	0,0 %
Hefe	100 g	83	2,4 g	11,9 g	26,0 %

Backzutaten (Fortsetzung)	Menge	kcal	Fett	Kohlen-hydrate	Fett-kalorien
Kakaopulver, fettarm	100 g	272	12,0 g	17,0 g	39,7 %
kandierte Früchte	100 g	250	0,0 g	62,0 g	0,0 %
Kandiszucker	100 g	400	0,0 g	100,0 g	0,0 %
Kokosflocken	100 g	444	18,0 g	68,4 g	36,5 %
Kuvertüre	100 g	560	55,0 g	32,0 g	88,4 %
Marzipan	100 g	453	25,0 g	49,0 g	49,7 %
Melasse	100 g	272	0,0 g	66,0 g	0,0 %
Orangeat	100 g	305	1,0 g	74,0 g	3,0 %
Persipan	100 g	436	27,8 g	36,5 g	57,4 %
Puddingpulver	100 g	349	0,0 g	86,0 g	0,0 %
Puderzucker	100 g	375	0,0 g	86,0 g	0,0 %
Reformhaus Birnendicksaft	100 g	280	0,0 g	69,0 g	0,0 %
Reformhaus Flüssige Obstsüße	100 g	290	0,0 g	72,0 g	0,0 %
Rohrzucker	100 g	390	0,0 g	97,6 g	0,0 %
Sahnesteif	100 g	365	0,0 g	91,2 g	0,0 %
Schwartau 4 Back- und Speisefarben	100 g	238	0,9 g	60,0 g	3,4 %
Schwartau Citro-back	100 g	350	9,0 g	52,0 g	23,1 %
Schwartau Dekor Konfetti	100 g	423	5,0 g	93,8 g	10,6 %
Schwartau Dekor Taler fein & festlich	100 g	586	41,9 g	46,2 g	64,4 %
Schwartau Echte Belegkirschen rot	100 g	314	0,9 g	78,1 g	2,6 %
Schwartau Eiswunder	100 g	620	50,0 g	42,5 g	72,6 %
Schwartau Feine Dekor Rosen	100 g	445	9,0 g	85,0 g	18,2 %
Schwartau Feine Marzipan Rohmasse	100 g	449	29,0 g	37,0 g	58,1 %
Schwartau Früchte-Mix	100 g	292	0,9 g	72,0 g	2,8 %
Schwartau Gebäck-Schmuck	100 g	412	4,3 g	92,5 g	9,4 %
Schwartau Haselnuss Krokant	100 g	476	16,0 g	78,0 g	30,3 %
Schwartau Haselnüsse gehackt, gemahlen	100 g	709	65,0 g	13,0 g	82,5 %
Schwartau Hochfeine Marzipan Decke	100 g	433	15,2 g	67,8 g	31,6 %
Schwartau Kakao Rosen	100 g	430	10,0 g	83,0 g	20,9 %
Schwartau Kirschwasser-back	100 g	221	0,0 g	0,0 g	0,0 %
Schwartau Kuchenglasur dunkel	100 g	613	45,0 g	50,0 g	66,1 %
Schwartau Kuchenglasur Haselnuss	100 g	602	42,0 g	54,0 g	62,8 %
Schwartau Kuchenglasur Vollmilch	100 g	628	48,0 g	45,0 g	68,8 %
Schwartau Kuchenglasur Zitrone	100 g	603	43,0 g	50,7 g	64,2 %
Schwartau Kuvertüre Halbbitter	100 g	540	33,9 g	51,8 g	56,5 %
Schwartau Kuvertüre Vollmilch	100 g	560	34,5 g	56,3 g	55,5 %
Schwartau Kuvertüre Weiß	100 g	572	36,5 g	54,0 g	57,4 %
Schwartau Marzipan Rübli	100 g	432	14,5 g	70,0 g	30,2 %
Schwartau Mocca-Bohnen, Zartbitter-Schokolade	100 g	468	26,8 g	51,0 g	51,5 %
Schwartau Mohn-back	100 g	292	13,5 g	36,0 g	41,6 %
Schwartau Nussnougat	100 g	503	27,0 g	57,0 g	48,3 %
Schwartau Orange-back	100 g	350	9,0 g	53,0 g	23,1 %
Schwartau Orangeat	100 g	292	0,9 g	72,0 g	2,8 %
Schwartau Perlenzauber	100 g	384	0,9 g	95,3 g	2,1 %
Schwartau Pistazien gehackt	100 g	666	58,0 g	15,0 g	78,4 %
Schwartau Raspelschokolade Vollmilch	100 g	493	25,4 g	57,3 g	46,4 %
Schwartau Raspelschokolade Zartbitter	100 g	463	24,7 g	52,7 g	48,0 %
Schwartau Rum Rosinen	100 g	248	0,9 g	51,0 g	3,3 %
Schwartau Rum-back	100 g	210	0,0 g	0,0 g	0,0 %
Schwartau Schoko alphabet und Ziffern (Vollm.)	100 g	603	41,6 g	49,0 g	62,1 %
Schwartau Schoko Dekor Blätter (Weiße Schok.)	100 g	586	39,0 g	52,8 g	59,9 %
Schwartau Schoko Dekor Blätter (Zartbitter)	100 g	554	36,4 g	52,3 g	59,1 %
Schwartau Schoko Dekor Borke	100 g	474	26,7 g	49,6 g	50,7 %
Schwartau Schoko Dekor Bugs Bunny & Co.	100 g	603	41,6 g	49,0 g	62,1 %
Schwartau Schoko Dekor Herzen	100 g	586	39,0 g	52,8 g	59,9 %
Schwartau Schoko Dessert Röllchen Vollmilch	100 g	536	29,7 g	60,1 g	49,9 %
Schwartau Schoko Dessert-Dekor	100 g	554	36,4 g	52,3 g	59,1 %
Schwartau Schoko Tröpfchen	100 g	440	18,0 g	65,0 g	36,8 %
Schwartau Schoko-Blättchen	100 g	437	14,2 g	73,3 g	29,2 %

Backzutaten (Fortsetzung)	Menge	kcal	Fett	Kohlen-hydrate	Fett-kalorien
Schwartau Schokoladen Streusel	100 g	437	14,2 g	73,3 g	29,2 %
Schwartau Sukkade	100 g	292	0,9 g	72,0 g	2,8 %
Schwartau Süße Mandeln gemahlen, gehackt, gehobelt, gesplittert	100 g	671	59,0 g	15,0 g	79,1 %
Schwartau Zucker Schrift	100 g	292	8,0 g	53,0 g	24,7 %
Schwartau Zucker Streusel bunt	100 g	437	7,8 g	91,5 g	16,1 %
Seeberger Kokosnuss geraspelt	100 g	608	62,0 g	6,4 g	91,8 %
Tortenguss klar, m. Z.	100 g	359	0,1 g	88,2 g	0,3 %
Tortenguss klar, o. Z.	100 g	307	0,2 g	73,3 g	0,6 %
Tortenguss rot, m. Z.	100 g	306	0,2 g	73,2 g	0,6 %
Traubenzucker	100 g	370	0,0 g	91,6 g	0,0 %
Trockenbackhefe	100 g	335	2,5 g	26,0 g	6,7 %
Ursüße (Zuckerrohr)	100 g	387	0,0 g	95,0 g	0,0 %
Vanillezucker	100 g	375	0,0 g	100,0 g	0,0 %
Vanillinzucker	100 g	394	0,0 g	98,5 g	0,0 %
Vollzucker (Zuckerrübe)	100 g	369	0,0 g	89,0 g	0,0 %
Zitronat	100 g	285	1,0 g	70,0 g	3,2 %
Zucker	100 g	400	0,0 g	100,0 g	0,0 %
Zuckerrübensirup	100 g	300	0,0 g	80,0 g	0,0 %

Obst	Menge	kcal	Fett	Kohlen-hydrate	Fett-kalorien
Ananas	100 g	55	0,1 g	13,1 g	1,6 %
Apfel	100 g	55	0,3 g	12,4 g	4,9 %
Apfelsine	100 g	42	0,2 g	9,2 g	4,3 %
Aprikosen	100 g	45	0,1 g	9,9 g	2,0 %
Banane	100 g	92	0,2 g	21,4 g	2,0 %
Birne	100 g	55	0,3 g	12,7 g	4,9 %
Brombeere	100 g	43	0,9 g	7,2 g	18,8 %
Cherimoya	100 g	62	0,3 g	13,4 g	4,4 %
Dattel, frisch	100 g	100	0,0 g	26,6 g	0,0 %
Ebereschenfrucht, süß	100 g	87	0,0 g	20,3 g	0,0 %
Erdbeere	100 g	33	0,4 g	6,5 g	10,9 %
Erdbeere, tiefgefroren	100 g	33	0,4 g	6,5 g	10,9 %
Feige	100 g	61	0,5 g	12,9 g	7,4 %
Granatapfel	100 g	75	0,5 g	16,7 g	6,0 %
Grapefruit	100 g	40	0,1 g	9,0 g	2,3 %
Guave	100 g	35	0,5 g	6,7 g	12,9 %
Hagebutten	100 g	91	0,0 g	19,3 g	0,0 %
Heidelbeeren	100 g	37	0,5 g	7,4 g	12,2 %
Himbeeren roh	100 g	36	0,3 g	6,9 g	7,5 %
Holunderbeere	100 g	54	1,7 g	6,5 g	28,3 %
Honigmelone	100 g	54	0,1 g	12,4 g	1,7 %
Johannisbeere, rot	100 g	36	0,2 g	7,4 g	5,0 %
Johannisbeere, schwarz	100 g	47	0,2 g	10,0 g	3,8 %
Kaki	100 g	69	0,3 g	16,0 g	3,9 %
Karambole	100 g	23	0,5 g	3,5 g	19,6 %
Kirsche, sauer	100 g	55	0,5 g	11,7 g	8,2 %
Kirsche, süß	100 g	63	0,3 g	14,2 g	4,3 %
Kiwi	100 g	40	0,0 g	8,0 g	0,0 %
Limone	100 g	33	1,7 g	1,7 g	46,4 %
Litchi	100 g	74	0,3 g	17,0 g	3,7 %
Loganbeere	100 g	47	0,7 g	9,1 g	13,4 %
Mandarinen	100 g	46	0,3 g	10,1 g	5,9 %
Mango	100 g	58	0,4 g	12,8 g	6,2 %
Maulbeere	100 g	38	0,0 g	8,1 g	0,0 %
Mirabellen	100 g	64	0,2 g	14,6 g	2,8 %
Mispel	100 g	44	0,0 g	10,6 g	0,0 %

Obst (Fortsetzung)	Menge	kcal	Fett	Kohlen-hydrate	Fett-kalorien
Moosbeere	100 g	39	0,6 g	7,8 g	13,9 %
Nektarine	100 g	53	0,0 g	12,4 g	0,0 %
Papaya	100 g	12	0,1 g	2,4 g	7,5 %
Passionsfrucht	100 g	67	0,4 g	13,4 g	5,4 %
Pfirsich	100 g	42	0,1 g	9,4 g	2,1 %
Pflaumen	100 g	50	0,2 g	11,4 g	3,6 %
Preiselbeere	100 g	36	0,5 g	7,6 g	12,5 %
Quitten	100 g	40	0,5 g	8,3 g	11,3 %
Reineclaude	100 g	57	0,0 g	13,5 g	0,0 %
Rharbarber	100 g	13	0,1 g	2,8 g	6,9 %
Sanddornbeere	100 g	93	6,4 g	5,2 g	61,9 %
Stachelbeere	100 g	39	0,1 g	8,5 g	2,3 %
Wassermelone	100 g	37	0,2 g	8,3 g	4,9 %
Weintrauben	100 g	70	0,3 g	16,1 g	3,9 %
Zitrone	100 g	41	0,5 g	8,1 g	11,0 %

Obstsaft	Menge	kcal	Fett	Kohlen-hydrate	Fett-kalorien
Zitrone, Saft	100 g	27	0,1 g	2,4 g	3,3 %

Trockenobst	Menge	kcal	Fett	Kohlen-hydrate	Fett-kalorien
Apfel, getrocknet	100 g	264	1,5 g	60,8 g	5,1 %
Apfel-Chips (XOX)	100 g	300	0,9 g	72,0 g	2,7 %
Aprikosen, getrocknet	100 g	247	0,5 g	55,7 g	1,8 %
Banane, getrocknet	100 g	326	0,8 g	75,2 g	2,2 %
Dattel, getrocknet	100 g	278	0,5 g	66,3 g	1,6 %
Feige, getrocknet	100 g	242	1,2 g	54,0 g	4,5 %
Korinthen, getrocknet	100 g	259	0,0 g	63,1 g	0,0 %
Pfirsich, getrocknet	100 g	242	0,5 g	57,7 g	1,9 %
Pflaumen, getrocknet	100 g	227	0,5 g	53,2 g	2,0 %
Seeberger Ananasstücke kandiert	100 g	323	0,6 g	79,0 g	1,7 %
Seeberger Apfelringe extra	100 g	234	1,6 g	53,4 g	6,2 %
Seeberger Aprikosen extra, Aprikosen ungeschwefelt	100 g	247	0,5 g	55,7 g	1,8 %
Seeberger Bananenchips	100 g	534	31,8 g	60,0 g	53,6 %
Seeberger Bananenstücke	100 g	303	0,8 g	70,0 g	2,4 %
Seeberger Korinthen, Sultaninen, Weinbeeren	100 g	279	0,6 g	66,0 g	1,9 %
Seeberger Caribic Royal	100 g	383	11,3 g	61,0 g	26,6 %
Seeberger Datteln entsteint	100 g	277	0,5 g	66,3 g	1,6 %
Seeberger Delikatess-Feigen, Pulled Feigen	100 g	242	1,3 g	54,0 g	4,8 %
Seeberger Delikatess-Mischobst	100 g	249	0,6 g	58,0 g	2,2 %
Seeberger Ingwerstücke kandiert	100 g	330	0,1 g	82,0 g	0,3 %
Seeberger Pflaumen extra	100 g	227	0,6 g	63,2 g	2,4 %
Seeberger Soft-Aprikosen	100 g	213	0,4 g	47,9 g	1,7 %
Seeberger Soft-Feigen	100 g	213	1,1 g	47,5 g	4,7 %
Seeberger Soft-Pflaumen	100 g	209	0,6 g	48,8 g	2,6 %
Sultaninen, getrocknet	100 g	280	0,5 g	66,2 g	1,6 %

Obst aus Dose und Glas	Menge	kcal	Fett	Kohlen-hydrate	Fett-kalorien
Ananas, in Dosen	100 g	84	0,2 g	20,2 g	2,1 %
Aprikosen, In Dosen	100 g	75	0,1 g	18,1 g	1,2 %
Birne, in Dosen	100 g	77	0,1 g	18,7 g	1,2 %
Erdbeere, in Dosen	100 g	76	0,2 g	18,1 g	2,4 %
Heidelbeere, Vollfrucht mit Fruchtzucker, Reformhaus	100 g	71	0,5 g	15,0 g	6,3 %
Heidelbeere, Vollfrucht, ungesüßt, Reformhaus	100 g	40	0,6 g	7,0 g	13,5 %

Obst aus Dose und Glas (Fortsetzung)	Menge	kcal	Fett	Kohlenhydrate	Fettkalorien
Heidelbeeren, in Dosen, o. Z.	100 g	24	0,4 g	4,8 g	15,0 %
Himbeere, in Dosen, o. Z.	100 g	26	0,7 g	5,5 g	24,2 %
Kirschen, im Glas	100 g	82	0,2 g	19,5 g	2,2 %
Kühne Preiselbeeren	100 g	204	0,3 g	50,0 g	1,3 %
Mango, in Dosen	100 g	82	0,0 g	20,3 g	0,0 %
natreen Ananas-Scheiben	100 ml	36	0,1 g	8,2 g	2,5 %
natreen Ananas-Stücke	100 g	36	0,1 g	8,2 g	2,5 %
natreen Aprikosen	100 ml	28	0,1 g	5,7 g	3,2 %
natreen Fruchtcocktail	100 g	39	0,2 g	8,7 g	4,6 %
natreen Pfirsiche	100 g	28	0,1 g	6,1 g	3,2 %
natreen Rote Grütze	100 ml	42	0,1 g	9,2 g	2,1 %
natreen Schattenmorellen	100 g	34	0,3 g	6,3 g	7,9 %
natreen Süßkirschen	100 ml	40	0,2 g	8,6 g	4,5 %
natreen Wald-Heidelbeeren	100 g	18	0,3 g	3,2 g	15,0 %
natreen Williams Christ-Birne	100 g	36	0,2 g	8,0 g	5,0 %
Pfirsich, in Dosen	100 g	69	0,1 g	16,5 g	1,3 %
Pflaume, in Dosen	100 g	75	0,1 g	18,1 g	1,2 %
Preiselbeere, in Dosen, o. Z.	100 g	34	0,5 g	6,5 g	13,2 %
Preiselbeere, Vollfrucht mit Fruchtzucker, Reformhaus	100 g	91	0,5 g	20,0 g	5,0 %
Reformhaus Ananasscheiben in Saft	100 g	55	0,1 g	12,6 g	1,6 %
Sanddorn Vollfrucht mit Honig, Reformhaus	100 g	292	1,5 g	68,0 g	4,6 %
Sanddorn, Vollfrucht, Reformhaus	100 g	42	2,0 g	3,0 g	42,9 %

Milchprodukte	Menge	kcal	Fett	Kohlenhydrate	Fettkalorien
Creme Double	100 g	408	43,0 g	3,0 g	94,9 %
Creme fraiche 30 %	100 g	298	30,0 g	4,0 g	90,6 %
Ehrmann Sauerrahm 10 %	100 g	124	10,5 g	4,1 g	76,2 %
Exquisa Mascarpone	100 g	365	36,5 g	4,0 g	90,0 %
Glücksklee, Cremeasy, 24 % Fett, 1 Esslöffel	20 g	53	5,0 g	2,0 g	84,9 %
Glücksklee, Gourmet Schlagsahne, 32 % Fett	100 g	320	8,0 g	10,0 g	22,5 %
Glücksklee, Gourmet Schlagsahne, 32 % Fett, 1 Esslöffel	10 g	64	6,0 g	1,0 g	84,4 %
Landliebe Milchreis Schoko	100 g	137	3,7 g	22,0 g	24,3 %
Milram H-Schlagsahne, 30 % ultrahocherhitzt	100 ml	301	31,0 g	3,2 g	92,7 %
Milram Tzatziki	100 g	130	8,7 g	5,9 g	60,2 %
Müller Dickmilch	100 g	68	3,5 g	4,6 g	46,3 %
Müller Diät Milchreis Himbeer	100 g	85	2,2 g	13,4 g	23,3 %
Müller Diät Milchreis Pfirsich-Maracuja	100 g	85	2,2 g	13,3 g	23,3 %
Onken Creme fraiche, 38 % Fett	100 g	358	38,0 g	2,0 g	95,5 %
Onken Schlagsahne 30 % Fett	100 g	293	30,0 g	3,0 g	92,2 %
Sahne, 10 %	100 g	127	9,4 g	4,1 g	66,6 %
Sahne, 30 %	100 g	317	30,1 g	3,3 g	85,5 %
saure Sahne, (Rahm)	100 g	117	10,0 g	3,7 g	76,9 %
saure Sahne, extra	100 g	187	18,0 g	3,4 g	86,6 %
Schmand, 24 %	100 g	239	24,0 g	3,2 g	90,4 %

Milch	Menge	kcal	Fett	Kohlenhydrate	Fettkalorien
Buttermilch	100 g	39	0,5 g	4,8 g	11,5 %
Bärenmarke, Alpensahne aus BIO-Milch, 1 Kaffeelöffel	6 g	9	1,0 g	0,0 g	100,0 %
Bärenmarke, Alpensahne aus BIO-Milch, 12 % Fett	100 g	136	12,0 g	4,0 g	79,4 %
H-Milch, 1,5 %	100 g	47	1,5 g	4,9 g	28,7 %
H-Milch, entrahmt	100 g	36	0,1 g	5,0 g	2,5 %
natreen, Sprühfertige Sahne	100 g	196	15,1 g	12,4 g	69,3 %
Rohmilch, Vorzugsmilch	100 g	69	3,6 g	4,8 g	47,0 %
Trinkmilch, 3,5 %	100 g	67	3,4 g	4,8 g	45,7 %
Trinkmilch, entrahmt	100 g	35	0,1 g	4,9 g	2,6 %

Milch (Fortsetzung)	Menge	kcal	Fett	Kohlenhydrate	Fettkalorien
Trinkmilch, fettarm, 1,5 %	100 g	49	1,6 g	4,8 g	29,4 %
Zott Kaffee Sahne	100 g	118	10,0 g	4,0 g	76,3 %

Quark	Menge	kcal	Fett	Kohlenhydrate	Fettkalorien
Exquisa Fruchtquark, 0,2 % Fett abs., Erdbeer	100 g	86	0,2 g	14,9 g	2,1 %
Exquisa Fruchtquark, 0,2 % Fett abs., Heidelbeer	100 g	90	0,2 g	15,9 g	2,0 %
Exquisa Fruchtquark, 0,2 % Fett abs., Himbeer	100 g	87	0,2 g	15,1 g	2,1 %
Exquisa Fruchtquark, 0,2 % Fett abs., Kirsch	100 g	83	0,2 g	14,2 g	2,2 %
Exquisa Fruchtquark, 0,2 % Fett abs., Pfirsich-Maracuja	100 g	79	0,2 g	13,1 g	2,3 %
Exquisa Fruchtquark, 0,2 % Fett abs., Vanilla	100 g	86	0,2 g	14,8 g	2,1 %
Exquisa Quark, 0,2 % Fett abs., pur	100 g	48	0,2 g	3,5 g	3,8 %
Fruttis der sahnige 10 % Fett	100 g	145	7,4 g	17,0 g	45,9 %
Landliebe Fruchtquark de Luxe	100 g	135	6,0 g	15,0 g	40,0 %
natreen, Frucht-Quark (alle Sorten)	100 g	53	0,1 g	6,8 g	1,7 %
Speisequark, 20 %	100 g	116	4,8 g	3,4 g	37,2 %
Speisequark, 40 %	100 g	167	10,8 g	3,3 g	58,2 %
Speisequark, mager	100 g	78	0,2 g	4,0 g	2,3 %

Getränke aus Milch	Menge	kcal	Fett	Kohlenhydrate	Fettkalorien
Kakaotrunk aus Magermilch	100 g	52	0,3 g	8,9 g	5,2 %
Kefir aus Trinkmilch, 3.5 %	100 g	66	3,3 g	4,8 g	45,0 %
Kefir, 1,5 %	100 g	48	1,6 g	3,2 g	30,0 %
Molke, süß	100 g	26	0,2 g	5,0 g	6,9 %

Eier	Menge	kcal	Fett	Kohlenhydrate	Fettkalorien
Hühnerei	100 g	167	10,6 g	0,7 g	57,1 %
Hühnereigelb	100 g	377	30,3 g	0,3 g	72,3 %
Hühnereiklar	100 g	55	0,2 g	0,7 g	3,3 %

Fette	Menge	kcal	Fett	Kohlenhydrate	Fettkalorien
Butter	100 g	773	79,0 g	0,0 g	92,0 %
Butterschmalz	100 g	921	94,5 g	0,0 g	92,4 %
Du darfst Halbfettbutter	100 g	364	39,0 g	0,6 g	96,4 %
Distelöl	100 g	899	94,9 g	0,0 g	95,0 %
Diätmargarine	100 g	746	76,0 g	0,2 g	91,7 %
Halbfettmargarine	100 g	381	38,0 g	0,4 g	89,8 %
Kokosfett	100 g	900	100,0 g	0,0 g	100,0 %
Leinöl	100 g	925	94,5 g	0,0 g	92,0 %
Maiskeimöl	100 g	899	94,9 g	0,0 g	95,0 %
Mazola Keimöl	100 g	891	99,0 g	0,0 g	100,0 %
Mazola natives Olivenöl extra	100 g	891	99,0 g	0,0 g	100,0 %
Olivenöl	100 g	926	94,6 g	0,0 g	91,9 %
Pflanzenmargarine	100 g	746	76,0 g	0,4 g	91,7 %
Sonnenblumenöl	100 g	928	94,8 g	0,0 g	91,9 %

Nüsse und Sämereien, Ölsaaten	Menge	kcal	Fett	Kohlenhydrate	Fettkalorien
Cashew	100 g	569	42,0 g	30,5 g	66,4 %
Dr. Ritter Vital-Leinsamen	100 g	333	23,5 g	16,9 g	63,5 %

Nüsse u. Sämereien, Ölsaaten (Fortsetzung)	Menge	kcal	Fett	Kohlen-hydrate	Fett-kalorien
Dr. Ritter Vital-Weizenkeime	100 g	337	9,8 g	34,1 g	26,2%
Dr. Ritter Weizenkeime	100 g	342	8,0 g	34,0 g	21,1%
Erdnuss, frisch	100 g	571	48,1 g	12,2 g	75,8%
Erdnuss, geröstet	100 g	586	49,4 g	13,4 g	75,9%
Haselnuss	100 g	643	61,0 g	11,4 g	85,4%
Kastanie	100 g	196	1,9 g	41,2 g	8,7%
Kokoschips, Reformhaus	100 g	500	50,0 g	7,0 g	90,0%
Kürbsikerne	100 g	582	49,0 g	12,3 g	75,8%
Leinsamen Plus, Schneekoppe	100 g	370	22,0 g	28,0 g	53,5%
Leinsamen, geschrotet/im ganzen Korn, Schneekoppe	100 g	435	38,0 g	2,0 g	78,6%
Leinsamen, ungeschält	100 g	435	35,0 g	6,0 g	72,4%
Lorenz Cashew-Kerne	100 g	555	39,0 g	35,0 g	63,2%
Mandel	100 g	599	54,0 g	9,3 g	81,1%
Mohnsamen	100 g	481	41,0 g	4,2 g	76,7%
Paranuss	100 g	668	67,0 g	3,6 g	90,3%
Pekannuss, Reformhaus	100 g	703	72,0 g	4,4 g	92,2%
Pinienkerne	100 g	674	60,0 g	20,5 g	80,1%
Pistazienkerne	100 g	598	51,6 g	17,5 g	77,7%
Seeberger Studentenfutter	100 g	474	31,6 g	37,4 g	60,0%
Sesamsamen	100 g	435	35,0 g	6,0 g	72,4%
Sonnenblumenkerne	100 g	582	49,0 g	12,3 g	75,8%
Walnuss	100 g	666	62,0 g	12,1 g	83,8%

Backmischungen Kuchen (Vor Zugabe der restlichen Zutaten)	Menge	kcal	Fett	Kohlen-hydrate	Fett-kalorien
Dr. Oetker Advents-Stern-Kuchen	100 g	366	5,9 g	73,8 g	14,5%
Dr. Oetker Beerenzauber Kuchen	100 g	420	9,2 g	78,6 g	19,7%
Dr. Oetker Bratapfel Kuchen	100 g	343	0,5 g	79,5 g	1,3%
Dr. Oetker Cappuccino-Kirsch-Geheimnis	100 g	369	1,2 g	77,4 g	2,9%
Dr. Oetker Donauwogen	100 g	290	0,6 g	67,0 g	1,9%
Dr. Oetker Erdbeer-Jogotella Kuchen	100 g	457	10,0 g	82,1 g	19,7%
Dr. Oetker Gugelhupf	100 g	359	1,6 g	81,2 g	4,0%
Dr. Oetker Himmelskuchen	100 g	367	1,3 g	83,8 g	3,2%
Dr. Oetker Johannisbeer-Knusperle Kuchen	100 g	450	13,4 g	72,2 g	26,8%
Dr. Oetker Kilimandscharo Kuchen	100 g	369	1,2 g	83,3 g	2,9%
Dr. Oetker Kirsch Reis Kuchen	100 g	356	0,6 g	82,8 g	1,5%
Dr. Oetker Kirsch-Klecksel Kuchen	100 g	366	6,5 g	71,1 g	16,0%
Dr. Oetker Kirschli Kuchen	100 g	399	9,8 g	71,4 g	22,1%
Dr. Oetker Kokosmakronen	100 g	511	30,5 g	55,8 g	53,7%
Dr. Oetker Käse-Sahne Torte	100 g	375	0,8 g	86,8 g	1,9%
Dr. Oetker Käsekuchen	100 g	364	0,4 g	86,5 g	1,0%
Dr. Oetker Marmor Kuchen	100 g	355	1,7 g	79,7 g	4,3%
Dr. Oetker Maulwurf Kuchen	100 g	382	4,7 g	78,6 g	11,1%
Dr. Oetker Mohn-Klecksel Kuchen	100 g	375	6,6 g	71,1 g	15,8%
Dr. Oetker Morgenstern Kuchen	100 g	354	0,5 g	82,5 g	1,3%
Dr. Oetker Nuss Kuchen	100 g	391	6,4 g	78,8 g	14,7%
Dr. Oetker Obstkuchenteig	100 g	355	0,6 g	82,8 g	1,5%
Dr. Oetker Pflaumen Grieß Kuchen	100 g	328	0,5 g	76,3 g	1,4%
Dr. Oetker Russischer Zupfkuchen	100 g	360	0,9 g	83,0 g	2,3%
Dr. Oetker Rührteig	100 g	356	0,9 g	83,4 g	2,3%
Dr. Oetker Schmetterlingskuchen	100 g	380	0,9 g	87,1 g	2,1%
Dr. Oetker Schneetannen Kuchen	100 g	393	10,1 g	69,8 g	23,1%
Dr. Oetker Schokino Kuchen	100 g	407	10,1 g	73,9 g	22,3%
Dr. Oetker Schoko-Kuchen	100 g	406	11,4 g	70,6 g	25,3%
Dr. Oetker Tortina Nuss-Sand-Torte	100 g	415	10,5 g	75,1 g	22,8%
Dr. Oetker Tropenzauber Kuchen	100 g	455	9,7 g	83,6 g	19,2%
Dr. Oetker Waldmeisterwürfel Kuchen	100 g	372	1,0 g	84,4 g	2,4%
Dr. Oetker Wintersonnen Kuchen	100 g	382	3,6 g	81,8 g	8,5%

Backmischungen Kuchen (Fortsetzung) (Vor Zugabe der restlichen Zutaten)	Menge	kcal	Fett	Kohlen- hydrate	Fett- kalorien
Dr. Oetker Zitronenkuchen	100 g	367	1,1 g	85,3 g	2,7 %
Dr. Oetker Bratapfelkuchen	100 g	249	3,3 g	46,9 g	11,9 %
Mondamin Hefe-Obstkuchen-Teig	100 g	404	10,4 g	66,4 g	23,2 %

Backmischungen sonstige	Menge	kcal	Fett	Kohlen- hydrate	Fett- kalorien
Diamant Backmischung für Bauernbrot	100 g	209	0,9 g	43,1 g	3,9 %
Diamant Backmischung für Ciabatta	100 g	220	0,8 g	46,6 g	3,3 %
Diamant Backmischung für kräftig rustikales Roggenvollkornbrot	100 g	186	1,1 g	38,1 g	5,3 %
Diamant Backmischung für Sonnenkernbrot	100 g	241	4,9 g	40,7 g	18,3 %
Diamant Backmischung für Weißbrot	100 g	242	2,7 g	46,8 g	10,0 %
Diamant Pizzamischung Amerikanisch	100 g	340	3,3 g	67,0 g	8,7 %
Diamant Pizzamischung Italienisch	100 g	325	1,0 g	68,0 g	2,8 %
Dr. Oetker Biskuitteig, dunkler Teig	100 g	370	2,1 g	84,4 g	5,1 %
Dr. Oetker Biskuitteig, heller Teig	100 g	370	2,1 g	84,4 g	5,1 %
Dr. Oetker Brauner Lebkuchen	100 g	355	0,7 g	82,8 g	1,8 %
Dr. Oetker Brownies	100 g	375	2,2 g	84,1 g	5,3 %
Dr. Oetker Butterspritzgebäck	100 g	348	0,7 g	80,1 g	1,8 %
Dr. Oetker Eierkuchenmehl/Pfannkuchenteig	100 g	333	1,1 g	69,7 g	3,0 %
Dr. Oetker Hefeteig	100 g	335	1,0 g	71,3 g	2,7 %
Dr. Oetker Hefeteig Garant	100 g	240	0,4 g	13,5 g	1,5 %
Dr. Oetker Muffins	100 g	373	4,9 g	76,0 g	11,8 %
Dr. Oetker Mürbeteig	100 g	348	0,8 g	78,5 g	2,1 %
Dr. Oetker Pizzateig Amerikanische Art	100 g	318	1,0 g	65,4 g	2,8 %
Dr. Oetker Pizzateig italienische Art	100 g	417	16,9 g	57,3 g	36,5 %
Dr. Oetker Vanille Kipferl	100 g	352	0,6 g	81,6 g	1,5 %
Goldpuder Pizzamischung Amerikanisch	100 g	340	3,3 g	0,0 g	8,7 %
Goldpuder Pizzamischung Italienisch	100 g	325	1,0 g	0,0 g	2,8 %
Maggi Mehlspeisezauber Kaiserschmarrn	100 g	383	8,4 g	62,5 g	19,7 %
Mondamin Pizza Teig	0 g	1030	40,0 g	146,0 g	35,0 %
natreen Waffeln mit Kirschen, verzehrsfertig	100 g	228	10,5 g	33,2 g	41,5 %

Frischteige	Menge	kcal	Fett	Kohlen- hydrate	Fett- kalorien
Nestle Mürbeteig, Plätzchenteig	100 g	459	27,0 g	46,0 g	52,9 %
Nestle Vanillekipferl-Teig, Plätzchenteig	100 g	447	26,0 g	45,0 g	52,4 %
Nestle Zimtstern-Teig, Plätzchenteig	100 g	388	12,0 g	60,0 g	27,8 %

Süße Soßen	Menge	kcal	Fett	Kohlen- hydrate	Fett- kalorien
Schwartau Caramelsauce	100 g	307	6,0 g	60,2 g	17,6 %
Schwartau Erdbeersauce	100 g	220	0,9 g	55,0 g	3,7 %
Schwartau Himbeersauce	100 g	200	0,9 g	50,0 g	4,1 %
Schwartau Orangensauce	100 g	205	0,9 g	50,0 g	4,0 %
Schwartau Schokoladensauce mit Vollmilch	100 g	250	3,6 g	50,5 g	13,0 %
Schwartau Schokosauce	100 g	268	4,0 g	56,0 g	13,4 %

Dauerhaft abnehmen?
Gesünder essen?

Mit LOW FETT 30 kein Problem.

Abnehmen kann richtig Spaß machen:
Denn bei uns lernen Sie, wieder bedarfsgerecht zu essen. Wir zeigen Ihnen, wie Sie sich besser fühlen, machen Ihnen Lust auf Bewegung ... und Sie erreichen locker und gesund Ihr persönliches Zielgewicht.

Unter **www.lowfett.net** finden Sie jede Menge netter Leute, die mit LOW FETT 30 abnehmen. Ob Sie noch ein paar zusätzliche Information brauchen oder einfach nur einen Trainingspartner suchen, auf unseren Internetseiten finden Sie es.

Abnehmen mit Programm
Sie brauchen konkrete Anleitung? Dann sind unsere LOW FETT 30-konkret-Gruppen genau das Richtige für Sie. Adressen und Treffpunkte der LOW FETT 30-Gruppen erfahren Sie unter **0931 9701920**... und falls keine Gruppe in der Nähe ist, können Sie unseren Abnehmkurs auch als Fernkurs buchen...

Bewerbungen erwünscht
Sie möchten selbst eine Abnehmgruppe leiten? Sie möchten Ihr Studienpraktikum bei uns absolvieren? Stellenangebote finden Sie auf unseren Internetseiten – und hier können Sie sich auch direkt per E-Mail bewerben.

Wir freuen uns auf Sie.

Bewerbungen richten Sie bitte an:
LOW FETT 30-Trainings-GmbH
Bismarckstr. 12
Veitshöchheim
fon: 0931 970 1920
fax: 0931 970 1921
email: **konkret@lowfett.de**

Für Kooperationen und Produkte ist zuständig:
LOW FETT 30-GmbH & Co. KG
Volksgartenstraße 85
41065 Mönchengladbach
fon: 02161 47957-0
fax: 02161 47957-77
email: **info@lowfett.de**
Online-Bestellungen:
bestellung@lowfett.de
http://www.lowfett.net

Endlich!
Kartoffel-Chips, die LOW FETT 30 sind – und super schmecken.

Probieren Sie unsere „salted"-SCHIPPS ... oder mögen Sie lieber Paprika? Im Internet finden Sie die Bezugsquellen ... oder fragen Sie einfach in Ihrem Supermarkt danach!

www.lowfett.net

Alphabetisches Rezeptverzeichnis

A
Aachener Printen 102
Amarettini-Makronen 81
Apfelkuchen mit Puddingguss 86
Apfel-Sahne-Kuchen 82
Apfeltarte 92
Aprikosen-Haferflocken-Muffins 64
Aprikosenhäufchen 46
Aprikosenkuchen 84

B
Backpflaumenkuchen 29
Bagels 124
Bagels mit Schinkencreme 32
Bayrisches Apfelbrot 34
Beerenmuffins 67
Brioches 33

C
Ciabatta 118

E
Elisenlebkuchen 100
Erdbeerrolle 80

F
Früchtebrot 26
Früchte-Gugelhupf 50
Frühstücksmuffins 66

G
Gefüllte Glücksschweinchen 126
Gemüse-Crostini 129
Gemüsemuffins 76
Gugelhupf mit Eierlikör 51

H
Haferflockenmakronen 52
Herzhafte Hefeschnecken 114
Honigkuchen 38
Honigkuchentaler 108
Hutzelbrot 28

I
Italienischer Quarkkuchen 36

J
Johannisbeerplätzchen 42

K
Kartoffelbrot 116
Kartoffel-Lachs-Muffins 75
Kerniges Kürbisbrot 119
Kipferl 59
Kirschmuffins 70

M

Makronen mit Kokos 52
Mandelbaisertorte 90
Mandelmuffins 68
Marzipanwaffeln 57
Mohn-Pfirsich-Kranz 48
Möhrenbrot 120
Möhrenkuchen 89
Möhrenmuffins 69
Muffins mit Apfelstückchen 74
Muffins mit Marmelade 62

N

Nürnberger Lebkuchen 98

O

Olivenbrot mit Oregano 121
Orangenzungen 47

P

Pfefferkuchen 103
Pfeffernüsse 106
Pink-Grapefruit-Torte 88
Pizzatasche mit Mangold und Ricotta 123
Preiselbeermuffins 72

Q

Quarkbrötchen mit Kernen 117
Quark-Grieß-Auflauf 54
Quarksahne-Kirschtorte mit Eierlikör 94

R

Rosinenbrötchen 30
Rührkuchen mit Ananasfüllung 58

S

Sahnewaffeln mit Orangenquark 56
Schneller Bienenstich 53
Schoko-Bananen-Muffins 73
Schwarz-Weiß-Gebäck 49
Sommerliches Tomatenbrot 122
Spekulatius 104
Stapelplätzchen 44
Superschneller Käsekuchen 85

T

Teigtaschen mit Spinat und Feta-Käse 128

V

Vanillestangerl 37

W

Weihnachtsstollen 110

Z

Zimtschäumle 105
Zitronenmuffins 63
Zuckerplätzchen 45

Rezeptverzeichnis nach Rubriken

Auch zum Frühstück sehr lecker

Backpflaumenkuchen 29
Bagels mit Schinkencreme 32
Bayrisches Apfelbrot 34
Brioches 33
Früchtebrot 26
Honigkuchen 38
Hutzelbrot 28
Italienischer Quarkkuchen 36
Rosinenbrötchen 30
Vanillestangerl 37

Fürs kleine Kaffeekränzchen

Aprikosenhäufchen 46
Früchte-Gugelhupf 50
Gugelhupf mit Eierlikör 51
Haferflockenmakronen 52
Johannisbeerplätzchen 42
Kipferl 59
Makronen mit Kokos 52
Marzipanwaffeln 57
Mohn-Pfirsich-Kranz 48
Orangenzungen 47
Quark-Grieß-Auflauf 54
Rührkuchen mit Ananasfüllung 58
Sahnewaffeln mit Orangenquark 56
Schneller Bienenstich 53
Schwarz-Weiß-Gebäck 49
Stapelplätzchen 44
Zuckerplätzchen 45

Unsere Highlights: Muffins

Aprikosen-Haferflocken-Muffins 64
Beerenmuffins 67
Frühstücksmuffins 66
Gemüsemuffins 76
Kartoffel-Lachs-Muffins 75
Kirschmuffins 70
Mandelmuffins 68
Möhrenmuffins 69
Muffins mit Apfelstückchen 74
Muffins mit Marmelade 62
Preiselbeermuffins 72
Schoko-Bananen-Muffins 73
Zitronenmuffins 63

Feines zum Verwöhnen

Amarettini-Makronen 81
Apfelkuchen mit Puddingguss 86
Apfel-Sahne-Kuchen 82
Apfeltarte 92
Aprikosenkuchen 84
Erdbeerrolle 80
Mandelbaisertorte 90
Möhrenkuchen 89
Pink-Grapefruit-Torte 88
Quarksahne-Kirschtorte mit Eierlikör 94
Superschneller Käsekuchen 85

Weihnachtsbäckerei

Aachener Printen 102
Elisenlebkuchen 100
Honigkuchentaler 108
Nürnberger Lebkuchen 98
Pfefferkuchen 103
Pfeffernüsse 106
Spekulatius 104
Weihnachtsstollen 110
Zimtschäumle 105

Brot und herzhaftes Gebäck

Bagels 124
Ciabatta 118
Gefüllte Glücksschweinchen 126
Gemüse-Crostini 129
Herzhafte Hefeschnecken 114
Kartoffelbrot 116
Kerniges Kürbisbrot 119
Möhrenbrot 120
Olivenbrot mit Oregano 121
Pizzatasche mit Mangold und Ricotta 123
Quarkbrötchen mit Kernen 117
Sommerliches Tomatenbrot 122
Teigtaschen mit Spinat und Feta-Käse 128

Dieses Buch wurde auf chlorfrei gebleichtem und säurefreiem Papier gedruckt.

Der Text dieses Buches entspricht den Regeln der neuen deutschen Rechtschreibung.

ISBN 3 8094 1512 X

© 2004 by Bassermann Verlag, einem Unternehmen der Verlagsgruppe Random House GmbH, 81673 München

Die Verwertung der Texte und Bilder, auch auszugsweise, ist ohne Zustimmung des Verlags urheberrechtswidrig und strafbar. Dies gilt auch für Vervielfältigungen, Übersetzungen, Mikroverfilmung und für die Verarbeitung mit elektronischen Systemen.

Umschlaggestaltung: Ulrich Klein, Wiesbaden
Layout: Petra Zimmer, Weinheim/Bergstraße
Redaktion: Anja Halveland
Herstellung: JUNG MEDIENPARTNER, Limburg/Lahn
Fotos:
Klaus Arras, Köln: 2 (re), 24 (li), 31, 53, 55, 78 (großes Foto), 79, 85, 87, 112 (großes Foto), 119
Damir Begovic, Hamburg: 20, 21, 24 (großes Foto), 40 (großes Foto), 40 (li), 46, 47, 49, 90, 92, 95, 96 (großes Foto), 97, 99
Bonisolli/Mosaik Verlag: 41, 67, 73, 77
Carsten Eichner, Hamburg: 15, 129
Angela F. Endress, Usingen-Eschbach: 40 (re), 43
D. Ilgner, Mönchengladbach: 6
Ulrich Kopp, Füssen: 3, 60, 61, 63, 65, 69, 71, 75, 78 (re), 89
Martin Krapohl, Düsseldorf: 2 (li), 113, 115, 127
Stefan Oberschelp, Frankfurt: 51
Amos Schliack, Hamburg: 1, 2 (großes Foto), 4, 9, 23, 26, 28, 30, 32, 34, 36, 38, 42, 44, 46, 48, 50, 54, 56, 57, 58, 62, 64, 66, 68, 70, 72, 74, 76, 80, 82, 84, 86, 92, 98, 100, 106, 108, 110, 114, 116, 118, 120, 123, 128, 130, 140, 142
Fotostudio Schmitz, München: 7, 12, 13, 24 (re), 33, 35, 78 (li), 81, 83, 93, 112 (kleine Fotos), 121, 125
TLC Foto-Studio GmbH, Velen-Ramsdorf: 11, 25, 29, 37, 45, 91, 103, 109, 117
Brigitte Wegner, Bielefeld: 22, 27, 39, 59, 96, 101, 105, 107, 111
Fotodisc: 16, 17

Die Ratschläge in diesem Buch sind von den Autorinnen und vom Verlag sorgfältig erwogen und geprüft, dennoch kann eine Garantie nicht übernommen werden. Eine Haftung der Autorinnen bzw. des Verlags und seiner Beauftragten für Personen-, Sach- und Vermögensschäden ist ausgeschlossen.

Satz: Alois Winter Werbung & Herstellung, Wiesbaden
Druck: Neografia a.s., Martin

Printed in Slovakia